哲人、传人、创始人

欧美数学名人Ⅲ

王大明　编

中原出版传媒集团
中原传媒股份公司

大象出版社
·郑州·

图书在版编目(CIP)数据

哲人、传人、创始人：欧美数学名人. Ⅲ / 王大明编. — 郑州：大象出版社，2021. 6
(中外科学家传记丛书 / 王大明，刘兵，李斌主编)
ISBN 978-7-5711-0867-0

Ⅰ. ①哲… Ⅱ. ①王… Ⅲ. ①数学家-列传-西方国家-现代 Ⅳ. ①K816. 11

中国版本图书馆 CIP 数据核字(2020)第 248743 号

中外科学家传记丛书

哲人、传人、创始人 欧美数学名人Ⅲ

ZHEREN、CHUANREN、CHUANGSHIREN OUMEI SHUXUE MINGREN Ⅲ

王大明 编

出 版 人 汪林中
项目策划 刘 兵 李光洁
项目统筹 成 艳 陶 慧 王曼青
责任编辑 王大卫
责任校对 牛志远
装帧设计 王莉娟

出版发行 大象出版社(郑州市郑东新区祥盛街 27 号 邮政编码 450016)
发行科 0371-63863551 总编室 0371-65597936
网 址 www.daxiang.cn
印 刷 河南新华印刷集团有限公司
经 销 各地新华书店经销
开 本 890 mm×1240 mm 1/32
印 张 7
字 数 148 千字
版 次 2021 年 6 月第 1 版 2021 年 6 月第 1 次印刷
定 价 25.00 元

印厂地址 郑州市经五路 12 号
邮政编码 450002 电话 0371-65957865

总 序

马克思和恩格斯合写于19世纪40年代的《共产党宣言》中，曾有这样一段生动的描述："自然力的征服，机器的采用，化学在工业和农业中的应用，轮船的行驶，铁路的通行，电报的使用，整个整个大陆的开垦，河川的通航，仿佛用法术从地下呼唤出来的大量人口——过去哪一个世纪料想到在社会劳动里蕴藏有这样的生产力呢？"马克思和恩格斯说的那一切，还不过是19世纪的景况。到了21世纪的今天，随着核能、电子、生物、信息、人工智能等各种前人闻所未闻的科学技术的飞速发展，人类社会面貌进一步发生了翻天覆地的甚至马克思那个年代都无法想象的巨变。造成所有这一切改变的最根本原因，毫无疑问，就是科学技术。而几百年来，推动科学技术发展的直接力量，就是一大批科学家和技术专家。

中国是这几百年来世界科学技术革命和现代化的后知后觉者，从16世纪末期最初接触近代自然科学又浅尝辄止，到19世纪中期晚清时代坚船利炮威胁下的西学东渐，再到20世纪初期对"德先生"和"赛先生"的热切呼唤，经过几百年的尝试，特别是近几十年的努力，已逐渐赶上世界发展的潮流，甚至最近还有后来者居上的势头。例如，中国目前不但在经济总量上居于世界第二的地位，而且在科学研究的多个前沿领域也已经名列国际前茅；有些方面，比如科学论文的数量，仅次于美国而居世界第二；最可贵的是，中国已经形成了一支人数众多、质量上乘的科研队伍。

利用科学技术来推动社会经济的发展，中国已经尝到了巨大甜头，科学技术是第一生产力的观点深入人心。从政府到民间，大家普遍关心如何进一步落实科教兴国战略、推动创新促进发展，使中国在科技创新方面更具竞争优势，培养和造就出更多的科技创新人才，使中国在现代化道路上能走得更长远、更健康。

为实现上述目标，一方面需要提高专业科学研究队伍的水平，发扬理性思考、刻苦钻研、求真求实、勇于创新的科学精神；另一方面也需要增强和培育整个社会的公众科学素养，造就学科学、爱科学，支持创新、尊重人才的文化氛围。这套“中外科学家传记丛书”的编辑和出版，就是出于这样的考虑。

通过阅读和学习科学家传记，一是可以更深刻地理解科学家们特别是那些在重大历史转折关头做出了伟大贡献的科学家的科学思想和创新方法，二是可以更鲜活地了解到科学家们的科学精神和品格作风，三是可以从科学家们的各种成长经历中得到启发。

本丛书所收录的 200 多位中外著名科学家（个别其他学者）的传记，全部都来自中国科学院 1979 年创刊的《自然辩证法通讯》杂志。该杂志从创刊伊始就设立了一个科学家人物评传的固定栏目，迄今已逾四十年，先后刊登了 200 多篇古今中外科学家的传记，其中包括文艺复兴时期的欧洲科学家、远渡重洋将最初的西方近代科学知识带到中国的欧洲传教士，当然大部分都是现代科学家，例如数学领域的希尔伯特、哈代、陈省身、吴文俊等，物理学领域的玻尔、普朗克、薛定谔、海森伯、钱三强、束星北、王淦昌等，以及天文学、地学、生物学、计算机科学和若干工程领域的科学家。值得指出的是，这些传记文章的作者，大都是在相关领域学有专长的专家学者。例如：写过多篇数学家传记的胡作玄先生，是中国科学院原系统科学研究所的研究员；写过多篇物理学家传记的戈革先生，是中国石油大学的物理学教授；此外还有北京大学、清华大学、上海交通大学、中国科技大学等多所国内著名大学的教授，以及中国科学院、中国医学科学院和中国科技协会等研究机构的专家。所以，这些传记文章从专业和普及两个角度看，其数量之多、涉及领域之广、内容质量之上乘、可读性之强，在国内的中外科学家群体传记中都可以说是无出其右者。

考虑到读者对象的广泛性，本丛书对原刊物传记文章进行了重新整理编辑，主要集中在如下几个方面：一是在总体设计上，丛书共分 30 册，每册收录 8 个人物传记；二是基本按照学科领域来划分各个分册；三是每分册中的人物大致参考历史顺序或学术地位来编排；四是为照顾阅读的连续性，将原刊物文章中的所有参考资料一律转移到每分册的最后，并增加人名对照表。

当前，中国正处在从制造大国向创造大国转变、急需更多科技创新和科技人才的重要历史时刻，希望本丛书的出版对于实现这个伟大目标有所裨益，也希望对广大青少年和其他读者的学习生活有所帮助。

目 录

001
冯·诺伊曼　20 世纪的天才数学家

029
外尔　数学家、物理学家、哲学家三冠王

057
范德瓦尔登　哥廷根代数学派的传人

081
阿廷　布尔巴基学派的先驱

109
拉斯·阿尔福斯　20 世纪的复分析大师

129
弗兰克·拉姆齐　名冠数学理论的哲人

157
麦克斯·戴恩　不仅仅是希尔伯特的学生

179
克劳德 · 谢瓦莱　布尔巴基巨匠、数学结构代言人

198
参考资料

204
人名对照表

冯·诺伊曼

20 世纪的天才数学家

约翰·冯·诺伊曼

（John von Neumann，1903—1957）

约翰·冯·诺伊曼是20世纪最出名的数学家。可能这主要是由于他在电子计算机方面的开创性工作。为此，许多人甚至给他戴上“计算机之父”的桂冠。虽然计算机的研究已足以使他永垂不朽，但是单凭这方面来衡量他一生的成就未免失之过偏，这只不过是他的成就的一小部分。他在纯粹数学、应用数学、计算数学许多分支都有重大的往往是开创性的贡献。一位数学家能够有他全部成就十几分之一，比如算子理论、遍历理论、博弈论（对策论），就足以在数学史上占一席之地。可是冯·诺伊曼既博大又精深，兼通纯粹数学及应用数学，在这方面可以同欧拉、高斯、柯西相比。可惜，他没有那么长的寿命，只活了53岁，在30年的时间里，除了生前发表的150多篇大约5000页的论文（收集成全集六大卷），还有大量生前未发表的手稿（单单收藏在美国国会图书馆的手稿，就有8000份之多）。这惊人的工作量很难单用“精力过人”“刻苦努力”之类的话来解释。他经历过两次世界大战及经济大萧条，他的一生反映了一位天才比较顺利的成长过程。在天才与环境、个人与历史之间的辩证关系方面，他的传记也许有某种启发意义。

一、布达佩斯——天才的成长

冯·诺伊曼1903年12月28日出生于匈牙利布达佩斯。那时候匈牙利是奥匈帝国的一个组成部分。1867年匈牙利由附属国成为同奥地利差不多平起平坐的二元帝国的重要组成部分，这对匈牙利社会发展的影响非同小可。到19世纪90年代，匈牙利资本主义经济开始有了较大的发展，相应出现了一个小小的奇迹，先后涌现出一大批有国际声望的大科学家："超音速航空之父"冯·卡门、"氢弹之父"特勒、"全息术之父"加伯、原子弹的首倡者西拉德、诺贝尔物理学奖获得者维格纳等等。至于数学家就更多了，比如古典分析大师费耶尔、波尔耶、舍勾，泛函分析的缔造者之一F. 黎斯，他的弟弟M. 黎斯。此外数论专家爱尔多斯、雷尼也都是国际知名的一流数学家。不管怎么说，冯·诺伊曼是他们中间的佼佼者。

冯·诺伊曼的父亲是一位富有的犹太银行家。在马扎尔化[1]的匈牙利，犹太人是受歧视的，但大银行家却不一样，王公贵族也要拉拢他们。1913年，奥地利皇帝法朗兹·约瑟夫一世授予他贵族封号，这成了他们姓中von（冯）的来源。约翰是兄弟三人中的老大，他一出世就受到各方面的关心和照顾。他从小就受到专门家庭教师的良好教育，很快就掌握了德语和法语。他的父亲十分关心儿子的成长，很早就注意到他智力不同寻常：有惊人的记忆力、理解力、心算能力、语言能力及创造才能，的的确确是一个全面的天才。他不只小时候是神童，而且许多"超人的"能力一

1　匈牙利主体民族是所谓"马扎尔人"，19世纪时"马扎尔化"运动，实际上就是要把其他民族包括犹太民族同化，共同形成统一的匈牙利民族。对于抵制这种同化运动的犹太人，政府当局采取了一些排斥措施。

直保持到成年。

他的记忆力简直像照相机，只要看一眼电话号码本，他就能把人名、住址、电话号码记得牢牢的。以至后来在纽约曼哈顿区，他也根本不用厚厚的电话号码本。当然这也许是机械记忆，不足为奇。可是，他还能把整段、整章的小说背诵得一字不差。他从小就喜欢历史，几十本大部头的历史牢牢记在心中。结果，他对千年拜占庭的历史的熟悉程度只有专家可比。有一次去杜克大学开会，他们经过美国南北战争曾经的战场，他对于这场战争的细微末节都说得一清二楚，使美国人都惊叹不已。

他 6 岁时就会心算八位数除八位数，后来对于公式的运算也能很快在头脑中进行。可是，早在 100 多年前，数学家就已不把计算尤其是心算才能当成什么了不起的事了。大数学家庞加莱就常常以自己做加法总要出错而“自豪”。数学才能更多地表现在抽象概念理解力、逻辑推理思维能力及解决问题等方面。而在这些方面，冯·诺伊曼也早就显示出非凡的能力。他在别的小孩刚上小学学加减乘除的时候就已经掌握了微积分，到 12 岁，他已经读懂法国大数学家保莱尔的专门著作《函数论》了。很自然，他后来在匈牙利的数学竞赛中轻而易举地得到第一名。

有天才的人未必有成就，有成就的人未必是天才。幸运的是，冯·诺伊曼兼具天才和成就。他没有像罗素那样在家自由放任，也没有像维纳那样越级跳班受到许多额外功课的压力。冯·诺伊曼按部就班上中学和大学，但在课余自己吸收了大量的知识。

在 1914 年也就是第一次世界大战爆发那年，他上正规学校学习。没几天，富有责任心的数学老师拉兹就告诉小约翰的父亲，小约翰的数学才能过人，建议请大学教师个别辅导以全面发展他的天才，并把约翰介绍给大学中的教师。在诺伊曼父亲的支持下，年轻数学家费凯特定期对其进行辅导。在中学快毕业时，费凯特和冯·诺伊曼合作，对布达佩斯大学教授费耶尔的一个分析定理加以推广，这成为冯·诺伊曼的第一篇论文，那时他还不到 17 岁。后来费凯特本人一直局限在古典分析这个狭窄领域里进行研究，而冯·诺伊曼很快深入到最新的数学——20 世纪的数学——集合论、测度论、泛函分析等新分支中去。还在中学时，他已经开始自学这些课程。

除数学课外，约翰还跟同学一起学习其余课程，一起参加各种活动。他功课很好，但也不是门门得 A，制图课他就只得个 B。体育也不太好，因为不太喜欢户外运动，只是冬天偶尔出去滑雪。他喜欢聊天，维格纳比他高一年级，他们经常在一起谈数学，一谈起来就没完没了。他喜欢下棋，但也不是总赢。他和大家相处得很好，不骄傲，但和谁也没有过分亲密的关系。这一方面是由于他的感情从不外露，另一方面也由于他有许多额外精神需要，除了数学，他如饥似渴地读历史、文学作品，而在这些方面，没有游伴能完全满足他，这也许就是所谓“天才的孤独”吧！

二、博士论文——《集合论的公理化》

第一次世界大战以同盟国的失败而告终，1918 年年底，奥地利哈布斯堡王朝覆灭。1919 年 3 月，贝拉・库恩建立起苏维埃革命政府，首先采取的政策就是没收银行。革命还不到一个星期，冯・诺伊曼全家就逃离匈牙利。1919 年 8 月，霍尔蒂在外国军队的干预下，推翻革命政府，建立独裁政权。他们歧视犹太人，歧视知识分子，镇压左翼同情者。冯・诺伊曼一家从国外回来，约翰继续上学，父亲继续开银行，可是过去的好时光一去不复返了。父亲知道冯・诺伊曼有志于数学，但是出于经济上的原因劝他放弃，作为父子妥协的结果，冯・诺伊曼答应到国外攻读化学。布达佩斯大学欢迎他去，入学要的"清白纪录"也不成问题。但是，他深知匈牙利并非久留之地，只有德国、瑞士等地才真正是科学乐园。因此，从 1921 年中学毕业之后，德国成为他成长的主要地方。

冯・诺伊曼 1921 年到 1925 年在布达佩斯大学注册，但他从来没有在那里听课，只是学期末参加考试。从 1921 年到 1923 年，他主要在柏林大学学习，而从 1923 年到 1925 年主要在瑞士著名的联邦工业大学上课。虽然他在 1925 年从联邦工业大学拿到化学工程师的文凭，他主要听的还是数理方面的课程（如 1922 年他在柏林听过爱因斯坦统计物理学的课）并同各地数学家交往。当时，他主要受 E. 施密特和外尔的影响。他们都是希尔伯特的学生，他们的早期工作都受到希尔伯特思想的巨大影响。施密特把希尔伯特的积分方程理论抽象化，后来成为希尔伯特空间概念的来源。外尔则是希尔伯特的谱理论继承人。同希尔伯特一样，外尔对当时新兴的理论物理学极有兴趣，而且致力于把数学应用于解决相对论、量子论及古典物理的问题。冯・诺伊曼的早期工作反映了他和外尔的共同之处，他们都相信数学在发现物理学的普遍规律方面作用极大，反过来，物理学也是启发数学思想最好的源泉。

可是，冯·诺伊曼显然还直接受到希尔伯特的巨大影响。冯·诺伊曼在这段时期中有时到哥廷根去拜访希尔伯特，这两位相差40多岁的数学家，常常一起在希尔伯特的花园或书房一起交谈好几个小时。希尔伯特对数学及物理学的公理化思想，以及他当时对数学基础及对物理学的兴趣都大大影响了冯·诺伊曼并决定了他早期工作的方向。

1926年春天，他在布达佩斯大学取得博士学位，论文题目是《集合论的公理化》。实际上，他在上大学时期就已经对数学基础进行系统的研究，并发表了好几篇论文。

数学基础是什么？无疑是G.康托尔的集合论，没有集合论就没有当时的新数学。尽管康托尔奠定了集合论的基础，却遗留下一些矛盾和问题溘然长逝，由此导致数学基础出现了若干危机。冯·诺伊曼从希尔伯特那里吸收了公理化的思想，致力于把集合论的基本概念弄清楚并加以公理化。还不到20岁时，他就已经在深入思考当时这类头等重要的问题了。集合论主要是无穷的理论，基本概念无疑是基数和序数。基数就是1、2、3、4、…序数就是第一、第二、第三、第四、…问题是把它们推广到无穷并不简单。康托尔本人花了很大力气，得到了许多无穷（超限）基数和序数，但他始终没有得到一个合适的定义。1923年，冯·诺伊曼发表了他在数学基础方面的第一篇文章《超穷序数引论》。他在文章一开始就声称：

本文的目的是精确而具体地理解康托尔的序数概念。

他认为，康托尔本人的定义是对集合的类的共同性质的“抽象”，这个步骤有点含糊，而他则给出一个明确的定义：每个序数是以前序数的集合。他的这个定义清楚明确、毫不含糊，现在已成为标准的定义，这时他还不到 20 岁。

沿着这条路走下去，自然就要接触如何消除罗素悖论之类的大问题。他喜欢公理化的道路，这预示了他今后从事数学研究的主要方法。在这方面策梅洛在 1908 年已经提出了一个公理系统，这个系统基本上不错，经过弗兰克尔等人改进以后成为著名的 ZF 系统，是集合论中最常用的公理系统。年轻的冯・诺伊曼很欣赏公理化这条路，但是他对策梅洛的公理化进行了一些根本性的修改。1923 年 8 月 15 日，他给策梅洛寄去自己的论文，表示他的公理系统有如下的特点:（1）集合是由函数及变元等原始概念得出;（2）弗兰克尔的“代换公理”采用加强的形式;（3）容许“充分大”的集体，但不容许它们是任何集合的元素。不久之后，他把这篇论文送到《数学杂志》发表，当时该杂志的编辑要弗兰克尔审稿。冯・诺伊曼还是名不见经传的年轻人，可是弗兰克尔从文章中就看出作者身手不凡。弗兰克尔当时不能完全理解这篇文章，于是邀请冯・诺伊曼到马堡大学来。他们讨论了许多问题。因为原来那篇文章不好懂，弗兰克尔建议他写一篇短文来阐述自己的方法和结果，这就是《集合论的一种公理化》，1925 年发表在弗兰克尔担任编辑的《纯粹与应用数学杂志》上。而原来的论文《集合论的公理化》，一直到 1928 年才问世。这些论文也是他 1926 年在布达佩斯大学的博士论文的基础。

当时，数学基础的论战非常热闹，冯·诺伊曼坚决支持希尔伯特的形式主义路线，反对逻辑主义和直觉主义。对希尔伯特提出的证明算术及分析的无矛盾性长远目标，冯·诺伊曼在特殊情形下完成了算术无矛盾性的证明，但分析的无矛盾性总也没有成功，他那时每天工作到深夜，上床睡觉之后还常常半夜醒来。有一次他梦见他有办法克服全部困难，于是起身写下来。不过最后还是发现一个漏洞补不起来。他后来开玩笑说："数学是多么走运呵，因为我第三个晚上没有做梦。"

由于哥德尔的工作，希尔伯特的计划行不通了。但冯·诺伊曼的努力并非完全白费，他已经做到问题的极限，并且这些工作对以后计算机及自动机理论有着不可忽视的影响。

三、在德国——《量子力学的数学基础》

冯·诺伊曼关于数学基础方面的工作没有逃过希尔伯特的注意。1926 年年初，他就向某基金会提出申请，资助冯·诺伊曼到哥廷根来。负责人照例看资格行事，这位还没有拿到博士学位的 22 岁年轻人当然不在考虑之列。后来由于柯朗教授的帮忙，1926 年秋天，冯·诺伊曼才到哥廷根来当上了希尔伯特的助手。这时正是量子力学光辉的开创时期，在哥廷根这个量子力学的中心，谁又不被这门新兴物理学吸引呢？希尔伯特也不例外，他对物理学早就有兴趣，他的目标就是把物理学公理化，不管是经典物理学还是相对论与量子论。他原想请冯·诺伊曼同他一起搞自己的元数学纲领（希尔伯特计划），可是冯·诺伊曼不太像希尔伯特的另一些助手和学生只埋头搞某一方面的问题，他似乎有点喜欢赶时髦，到哥廷根后，他很快就来了一个小小的改行，这次改行正如他以后每次改行一样，都给数学带来丰硕的成果。

1925 年海森伯的矩阵力学和 1926 年薛定谔的波动力学的出现，标志着量子力学的诞生。物理学家热烈地争论基本的物理概念，而除了少数人（如泡利、玻恩等），他们的数学修养还不足以给量子力学很好的数学表述。玻恩说，1924 年大多数物理学家连矩阵也没听说过。而薛定谔方程，就连薛定谔本人一开始也不会解。虽然数学工具早已提供，但是需要有数学家弄好了装到盘子里端上来，否则物理学家就会自己发明使数学家莫名其妙的东西，如狄拉克的 δ 函数。冯·诺伊曼在这时来到哥廷根使物理学和数学都大为走运，他给量子力学奠定了数学基础，同时发展了希尔伯特空间的算子理论。这是物理学和数学相得益彰的范例。要是没有冯·诺伊曼，这个过程也许会走许多弯路，绝不会一下子在两方面都成为“经典的”、标准的、指导后来发展的理论。

1926 年秋天，希尔伯特主持物理学的讨论班，请海森伯在讨论班上第一个做报告。冯·诺伊曼听了报告之后十分兴奋，他马上同希尔伯特和希尔伯特的物理学助教诺德海姆一起进行研究。在 1926 年冬天希尔伯特的讲演基础上，他们发表了一篇论文，对量子力学进行新的数学表述，而数学方面的工作主要是冯·诺伊曼做的。当时海森伯用的是无穷阶矩阵作用到无穷维向量空间上，而薛定谔用的是薛定谔方程，即微分算子作用到波函数上。这些对象数学家早就研究过，19 世纪末已经研究过无穷阶矩阵，希尔伯特在 1906 年引进 l^2 空间，也就是平方可和空间的概念，它是 n 维欧几里得空间的推广。同时数学家也知道由平方可积的函数构成的空间 L^2，而波函数的概率（几率）解释也要求 Ψ 属于 L^2。1907 年两位数学家证明 l^2 空间及 L^2 空间是等价的，也就是同一种空间的两种不同表现形式。这种等价性不正是从数学上反映海森伯矩阵力学和薛定谔波动力学的等价性吗？！剩下的问题就是把它们公理化，冯·诺伊曼把它们命名为希尔伯特空间。这是泛函分析最基本的概念，也是量子力学理想的数学表述工具。

希尔伯特空间是欧几里得空间到无穷维的推广，欧几里得空间的线性变换（矩阵）也就自然推广成希尔伯特空间的线性算子，而线性变换的特征值（本征值）也就自然推广成线性算子的“谱”。有趣的是，希尔伯特在 1910 年定义他的“谱”时，万万没有想到它们居然对应着原子光谱。当时他研究的是比较窄的一类积分算子，不久又把这种谱理论推广到更广泛的一类算子，用冯·诺伊曼的话讲，就是希尔伯特空间的有界（对称）线性算子。冯·诺伊曼把量子力学公理化时，希尔伯特空间的点表示物理系统的状态，物理系统的可观测量则由希尔伯特空间的线性算子来表示，而能量算子的本征值和本值函数就是该系统的能级及相应的定态。冯·诺伊曼在数学及物理学之间建立的这种对应关系简直漂亮极了，使人觉得这不是凡人的作品。

遗憾的是，物理学中碰到的算子一般不是有界的，冯·诺伊曼必须努力从数学上把希尔伯特的谱理论推广到无界厄米算子上。正是通过这种努力，他建立了算子理论这门崭新的学科。他选取最一般的有谱分解的厄米算子——超极大对称算子来建立他的谱理论，从而使这个问题得到圆满解决，这是 1929 年的事。

冯·诺伊曼在量子力学方面的贡献绝不止于数学表述及解数学问题，他对量子力学本身也有重要贡献，他引进纯态及混合态的概念，以及统计矩阵这个量子统计力学的主要工具。他支持玻尔等所倡导的哥本哈根解释，对于测量过程进行了深入的研究，得出一些重要结论，如隐参数不存在。但是，这些准确结果由于不适当地引用而被误解，遭到一些不公正的批评。他对量子力学数学基础的主要贡献总结在 1932 年出版的《量子力学的数学基础》一书中，它被翻译成英语、法语、俄语、日语、西班牙语等多种语言，长期以来是一部经典名著。另外他还对量子统计力学中遍历定理及 H 定理进行研究，这可说是他后来开辟遍历理论的先声。同时，他同维格纳对具体的物理问题也进行研究。到 20 世纪 30 年代中，他同约尔当、维格纳、小伯克霍夫一起，对量子力学的代数结构和逻辑结构进行系统研究，得到诸如约尔当代数的分支，以及量子逻辑一些新领域。维格纳评论说，单单冯·诺伊曼在量子力学方面的成绩也足以保证他在当今的理论物理学方面占有卓越的地位，这的确可以说是历史的结论。

但是，在那时，大多数物理学家和数学家对冯·诺伊曼这一套并不理解。他们习惯于实实在在的具体数学和物理，而希尔伯特空间则似乎太玄而又玄了。传说，希尔伯特本人曾问他年轻的学生："你说说看，到底什么是希尔伯特空间？"是的，无论是抽象代数还是抽象空间及其算子理论，思想上都渊源于希尔伯特。可是在20世纪20年代，这一套抽象玩意儿确实有些令人敬而远之。他们不是觉得数学一抽象就空洞得抓不着什么东西，就是觉得这些抽象数学表面上漂漂亮亮，实际上没什么大用，所以别把它太当回事。柯朗和他的学生们就有这样的看法，算子理论能解微分方程吗？他们怀疑。可是几年之后，他们才慢慢看出这套东西的威力，觉得非学不可。到现在冯·诺伊曼所开创的一切已经成为经典，成为后来工作的典范，这些都显示出他深邃的洞察力。

他不仅在数学上有深邃洞察力，对于世界事务、日常生活的见解也超过常人。1927年，他到柏林大学当无薪讲师，1929年到成立不久的汉堡大学当讲师。当时德国的大学教授职位有一定数额，比如哥廷根大学有4位数学教授、柏林大学有4位、汉堡大学有3位，他们不退休其他年轻讲师就不能递补。冯·诺伊曼对于当时情形做了分析，他觉得三五年内，空缺的教授职位只有三四个，而竞争递补的讲师有60多人。虽说冯·诺伊曼在当时的工作足以使他出人头地，可是无论如何破格，25岁左右的年轻人就当正教授也未免太过分了。1929年年底席卷全球的经济大萧条更增加了未来职位的不安定感，德国更是前景不妙，历史给像他这样的年轻犹太科学家规划了各种前途：留在德国受迫害甚至死在集中营，流亡到国外但是为衣食而操劳致使学术荒废。可是冯·诺伊曼比他所有同辈人都更为走运，他总是在最适当的时候、最适当的地方干最适当的工作：20 年代他在世界的数学及物理学中心——德国，而 30 年代他在这个中心行将瓦解时到了新的中心——美国的普林斯顿。

四、普林斯顿——遍历理论和算子代数

20 世纪 20 年代，美国经济已居世界首位，科学却远比西欧落后。石油大亨洛克菲勒搞了一个基金会，听从了一些有识之士的建议，开始用钱来请学者、名家到美国来讲学，当然定居更好。不过爱因斯坦、海森伯他们都太留恋欧洲的学术环境了，不愿意来，也有来一阵又回去的。当时在聘请学者方面，康普顿负责物理学，维布伦负责数学，他们在科学上各有成就，在振兴美国科学上功绩更是不可磨灭。由于埃伦费斯特的推荐，1929 年 10 月维布伦向冯·诺伊曼发了聘书，请他到普林斯顿大学讲一个学期“量子理论”，一星期讲两三次。同时也邀请了他的朋友维格纳。

到美国这个“机会的国土”闯一闯，激发了冯·诺伊曼的热情，况且当时为他提供的津贴一学期 3000 美元加上路费 1000 美元也确实不低（维纳当时一年工资共有 4000 美元）。冯·诺伊曼犹疑了一下，没立即答应。他当时还有一些私事要办，一是他父亲刚去世，他的母亲和兄弟希望他回布达佩斯接班，二是他准备结婚。过了几天，他从布达佩斯回信正式接受了普林斯顿大学的聘请，从此同美国结下不解之缘。

1930 年，普林斯顿大学聘他当一学期讲师，第二年就升他为教授。他每年都回欧洲，那里的学术环境是美国所没有的。但是，他

同后来的欧洲移民不同，他从生活上很喜欢这个新环境：没有那么多陈规陋习，没有那么多条条框框，美国人比欧洲人热情友好，美国人相信竞争、相信技术也投合他的口味。尤其是冯·诺伊曼人缘很好，喜欢社交，他的家经常是大家聚会的中心，无论老年人、青年人都喜欢同他聊天。冯·诺伊曼从来没有大数学家的傲气，他头脑极其灵活，但给人讲解也很有耐心。

1933 年，希特勒上台，大批德国科学家被迫离境，许多人到美国来。冯·诺伊曼当时就预言，要是这帮纳粹党徒再掌两年权（很可能），他们就会把德国科学至少毁掉一代。这时，从他来时就开始筹建的普林斯顿高等研究院正式成立，这个机构完全是仿照德国传统建立的，是专为著名学者自由从事他们的学术活动而设立的。后来的几十年，它的确成为世界的数学中心之一。而第一批终身教授就是爱因斯坦、维布伦、亚历山大、莫尔斯、冯·诺伊曼和外尔。除爱因斯坦外，另外有 3 位是美国几何拓扑学家，外尔是当时年纪最大的数学家之一，冯·诺伊曼比他们年纪小得多，还不到 30 岁。他真算找到了最合适的工作环境。

他在美国的最初十年，除了继续在德国开始的工作，又开辟了许多新方向。其中特别重要的是遍历理论、拓扑群理论和算子代数理论。

遍历理论又称各态历经理论，是 19 世纪后半期统计物理学开创时就提出来的。麦克斯韦的气体分子运动论指出气体的宏观性质（压力、温度）是由位置不同、速度各异而且不断变化的许许多多微观分子运动的统计结果。我们通常用相空间来描述这个分子集体中分子的位置及速度，在总能量不变的情况下的平衡状态，分子集体可能所处的微观状态很多很多，但都处于一个超曲面之上。用统计方法计算宏观量时，是对微观状态的各种可能性进行（加权）平均求得的。所谓遍历性假设就是说随着时间的流逝所有这些状态最终都会经历过，也就是等能量的超曲面由单一轨道组成。换句话说，不管系统在某一时刻处于什么状态，它将经过（或已经过）总能量相同的另外任何状态。

玻尔兹曼在 1871 年提出这个假设之后，遭到科学家与物理学家的一致反对，后来就很少有人研究这个问题。冯・诺伊曼在 1929 年对量子力学系统给出遍历假设成立的充分必要条件后，对于经典力学系统的问题也进行了思考。他到美国后，碰到了库普曼，库普曼告诉他，保测变换可以诱导出酉算子。而冯・诺伊曼是算子理论的创始人之一，当然对酉算子了如指掌，他对酉算子的解析性质早有研究，那么自然想到由此可以了解变换的性质，也就是得出遍历假设几乎成立的条件。1931 年 10 月，冯・诺伊曼得到了遍历理论的第一个重要定理——平均遍历定理。他马上把自己的结果告诉了库普曼及其老师伯克霍夫，并同他们进行讨论，指出有可能改进到“个别”遍历定理。11 月，伯克霍夫证明了个别遍历定理，并马上写文章送《国家科学院院报》于 1931 年 12 月发表。冯・诺伊曼的稿子投得晚，到 1932 年年初才发表，结果给人的印象，仿佛是冯・诺伊曼稍弱的结果比伯克霍夫较强的结果得到的还晚。伯克霍夫是美国数学界的头面人物，很有势力，维纳就对他很不满意。这事当然也使冯・诺伊曼不愉快，不过，他没有发作，仍然同伯克霍夫父子保持相当好的关系。后来伯克霍夫和库普曼联合发表一篇文章，把数学的遍历理论的开创历史如实地进行叙述，才算了结了这桩公案。

冯·诺伊曼在 20 世纪 30 年代初还对拓扑群理论做出了卓越贡献。1933 年他对紧致群的研究解决了著名的希尔伯特第 5 问题。也就是如果紧致拓扑群，局部同胚于欧氏空间，就是李群。早在 1927 年，冯·诺伊曼已证明一般线性群的闭子群是李群，后来埃利·嘉当指出其证明方法也可用于任何李群的闭子群上。另外，他对于一般拓扑群的结构有深刻的认识，知道它像实数一样具有代数结构及拓扑结构，因此，可以像实数一样在其上引进测度、积分与概周期函数，发展一套分析理论，这对以后的发展是至关重要的。

冯·诺伊曼早在 1929 年就开始算子代数的研究。通过对量子力学数学基础的表述，状态与算子之间有着密切关系，把算子集合当作研究对象也就成为很自然的事。另外，爱米·诺特及阿廷在 20 年代后半期关于环论的著名工作显然对冯·诺伊曼有着举足轻重的影响。因此，从这两方面自然形成算子代数这门新的分支，而其创始人就是冯·诺伊曼。他去世之后，为了纪念他，人们把他首先研究的算子代数（他称为算子环）称为冯·诺伊曼代数。这方面的奠基性工作体现在他和他的学生默雷在 1936 年到 1943 年所发表的 4 篇关于“算子环”的论文中，全文达 800 页之多。在第一篇文章中，他列举研究的动机有下列几方面:（1）给算子演算一个框架;（2）把酉表示理论从经典的限制中解放出来（从有限维表示过渡到无穷维表示）;（3）为量子力学提供数学工具;（4）建立不满足有限性条件的抽象代数学。

经过他们的研究，算子代数已经成为现在数学分析中的热门，而且在物理方面尤其是量子场论方面有着重要的影响。

算子代数是代数结构与拓扑结构相结合的产物，所以它的结果往往显示代数的形式，而证明却用解析的方法。在研究中，有限维代数的结果是他们的指路明灯。有限维代数可以分解为两大类，即可解代数和半单代数，半单代数又可以分解为单代数的直和，而每一种单代数又可以具体表示为矩阵。算子代数当然要复杂得多。但是他们也得出相当丰富的结果。首先，任何冯·诺伊曼代数可以分解为因子的直积，下面的问题就是把因子进行分类。他们通过维数函数把因子分成五型：I_n，I_∞，II_1，II_∞，Ⅲ，而且进一步研究它们之间的同构关系。I_n型是有限维的矩阵代数，I_∞型是希尔伯特空间上所有有界线性算子构成的代数。但是，Ⅱ型和Ⅲ型是一些怪东西。他们发现了I_1型因子不止一个，其后进展缓慢，直到20世纪60年代末，算子代数才取得新的突破，对于Ⅱ型和Ⅲ型因子的分类及结构研究取得比较完整的结果。

II_1型结构显示出维数不是整数，可以是0与1之间任意一个实数的对象。为研究这种对象，冯·诺伊曼在1935年秋天创造了“连续几何学”及其相应的代数——冯·诺伊曼正则环。当时正是格论、环论大发展的时候，这些理论引起他很大的兴趣，并且从中引出量子逻辑的研究。

冯·诺伊曼在纯粹数学方面的工作非常广博，他在当选为美国国家科学院院士谈起自己的工作时，认为量子力学的数学基础、遍历理论、算子环理论是他最好的工作。但实际上，他在数学的各个方面都有卓越的贡献。当然，他比20世纪最伟大的数学家庞加莱、希尔伯特、外尔在广度上稍有逊色。因为他在数论、代数拓扑学、代数几何学、微分几何学等当时大热门领域没有做过重要工作。可是，即使在纯粹数学领域，仍远远超过大多数同时代数学家。无论从什么角度，他都可以跻入20世纪十来位最伟大的数学家之列。如果考虑应用数学，的确应该说他是超群绝伦的。要知道，以20世纪数学门类繁多、内容复杂，一个人在某一狭窄分支能做出一些贡献就已经不错了。

冯·诺伊曼在纯粹数学方面的工作有其显著的特点，他对现代数学的结构有着明确的认识，善于把复杂的结构分析成为一个个组成部分，也能够把复杂的对象加以系统化、公理化。这反映了他能透过纷乱复杂的关系认识到事物的本质。

他的许多工作是同别人合作的，他善于学习，理解快，对于某方面的杰出成果总是表示由衷的赞赏。他佩服哥德尔对数学基础革命性的变革，当哥德尔长期受到某些人阻拦而不能成为高等研究院终身教授时，他总是打抱不平地说：连我们都是，可是这位亚里士多德以后最伟大的逻辑学家却不是。

冯·诺伊曼同大多数美国数学家关系不错，比如他同维纳关系颇好。1937年春夏之交，维纳在马里兰州约翰斯·霍普金斯大学讲演后，回麻省理工学院途中在冯·诺伊曼家待了4天。两个人对数学进行多方面的讨论，特别是他们都感兴趣的统计力学及遍历理论。由于维纳严格吃素，冯·诺伊曼的夫人绞尽脑汁给他准备丰盛的素餐，这使维纳很高兴。他同冯·诺伊曼谈到了他和布什一起研究的计算机，还热情谈到一年之前在清华大学的经历。冯·诺伊曼对中国也产生了兴趣，维纳十分热心地为他搭桥，马上给李郁荣写信，介绍冯·诺伊曼是当今世界上数一数二的数学家、没有国家及种族偏见，他有钱，不在乎薪水，够花就成，而且喜欢接近年轻学生，没什么架子……结果却由于 7 月 7 日卢沟桥事变，冯·诺伊曼没能成行。

冯·诺伊曼没去成中国，波兰数学家巴拿赫等人通过在美国逗留的乌拉姆，邀请他到波兰的里沃夫去讲学。冯·诺伊曼应邀到波兰待了几天，他很喜欢波兰数学家在咖啡馆里讨论数学的自由自在的情景。他们在一起愉快地讨论许多问题。里沃夫是泛函分析的一个中心，但不久法西斯德国的入侵使一切都化为乌有。

这时冯·诺伊曼自己也遇到不愉快的事。他的夫人带着 2 岁的女儿离开了他，转嫁给一位实验物理学家。1938 年夏天，他回请乌拉姆到布达佩斯来玩，他们在一家大餐馆边吃边聊，冯·诺伊曼原来很喜欢开玩笑，过去常常讲，“我好多想法都是因为夫人坐在旁边才想到的”，现在他也没有那份兴致了。这时，他们看见一位打扮入时的女人走过，冯·诺伊曼就去同她搭话。她离开后，冯·诺伊曼说：“这是位老相识，最近要离婚了。”乌拉姆就说：“为什么你不娶她呢？”也许这句话启发了冯·诺伊曼，他留下来帮她办妥离婚手续，然后就同她在布达佩斯结了婚。过了一年，这位新夫人克拉拉移居普林斯顿，他们的家又成为学者们经常聚会的地方。

五、二次世界大战期间——研制原子弹和计算机

冯·诺伊曼在普林斯顿的安乐窝中从来也没有忘掉周围的世界。他懂得历史，对世界局势有着明确的分析。波兰年轻数学家乌拉姆在1935年年底到普林斯顿找冯·诺伊曼时他正在同另一位数学家谈政治。冯·诺伊曼对局势很悲观，他觉得战争不可避免。他还看出来苏联是德国人的主要对手。乌拉姆自己对法国的马奇诺防线印象很深，就问："那法国呢？"冯·诺伊曼回答："法国不顶事。"几年后的历史发展，还真应验了他的看法。

第二次世界大战的爆发，也使冯·诺伊曼的研究方向产生了一个大转弯。如果说在这之前，他的工作主要是纯粹数学，那么这以后，他主要搞的是应用数学。这不能不说是20世纪新型数学家的一个重要特点。作为20世纪的天才数学家，他和维纳都是从纯粹数学走向了应用数学，从而比他们前辈数学家发挥出更直接的社会作用。

当然，纯粹数学与应用数学的分野也不是绝对的。他在1940年到1941年间为博弈论（又称对策论、竞赛论）所做的奠基性工作实际上是1928年他证明的"极小极大定理"的继续。20世纪30年代，他曾对数理经济学的发展有本质性的促进，那是不动点定理第一次在经济理论上的应用。其后不动点理论和数理经济学都获得大发展，到20世纪50年代之后，数理经济学家几乎没有不懂得不动点定理的了。

1940年，冯·诺伊曼深深感到有必要对对策论进行深入研

究。世界充满了斗争和对抗，无论是军事上、政治上、经济上还是生活中都莫不如此。他用自己的分析把这种复杂的现象变成一个系统的理论，并对经济进行分析。他同莫根斯特恩合作的专著《博弈论与经济行为》于 1944 年出版。这部 600 页的巨著是博弈论也是数理经济学的经典著作。它还开辟了应用数学的一大新方向——离散数学的应用，而过去数学的应用一直是分析数学（连续数学）的应用。

冯·诺伊曼当然也没有忽视分析数学的应用。无论是飞机设计还是爆炸乃至气象预报，都离不开流体力学。早在 20 世纪 30 年代中期，他就对湍流等问题感兴趣。他深深认识到，流体力学方程组是非线性方程，而当时的解析方法对解非线性方程是无能为力的，甚至定性的结果也得不出。当时他就已经考虑到利用数值方法的必要性，通过快速的数值运算，可以对未来的理论提供丰富的经验，进而提出令人满意的理论。由于计算量的庞大，在没有电子计算机的情况下，这一切想法还是无法实现的。不过他在 20 世纪 40 年代初已经进行多方面的理论研究，并且参与许多军事方面的研究。除了 1940 年就担任陆军阿伯丁试验场弹道实验室顾问，1943 年，冯·诺伊曼也参与了曼哈顿计划，受到唱主角的物理学家们的欢迎。他同奥本海默、费米、特勒等人的关系都不错，维格纳更是他的老朋友。他们认为他不仅是位全面的天才、预言家，而且还是解决问题的能手。过去他是以搞抽象数学而闻名，可是他对数学分析乃至数字计算十分熟练。他对当时遇到的主要困难——如何引爆原子弹提出自己的建议，结果被实验所证实。他还对提高原子弹的爆炸效果及有效地配置原料进行估计。这些问题在当时都是十分关键的。他比一般数学家更能同物理学家进行交流，懂得他们的具体技术细节，并能马上转化成数学问题。甚至领导曼哈顿计划的军人格罗夫斯也喜欢在战术问题上同冯·诺伊曼讨论，因为他的头脑并不只是限于解决一两个局部问题的。

那时，在洛斯·阿拉莫斯实验室的工作非常紧张，冯·诺伊曼的工作常常是桌子旁无止无休的讨论，许多人在黑板上、在纸上进行复杂的推演和计算，冯·诺伊曼却总是在头脑里进行，往往很快就能得出结论。科学家在工作之余有时会通过打扑克来松弛一下神经，冯·诺伊曼也喜欢玩，但是这位博弈论的开创者却常常输钱。有位数学家兴高采烈地谈起他如何如何赢了冯·诺伊曼10美元，他知道冯·诺伊曼写了《博弈论与经济行为》，于是花了5美元买下这本书，而把另外5美元贴在封面里头作为战胜这位博弈论专家的标志。

尽管冯·诺伊曼在原子弹的研制方面有重要贡献，但终究是个配角。一个偶然的机会把他引向了20世纪后半期最重要的科学技术领域——电子计算机。在这一领域，他再一次发挥独创精神，成为计算机科学、计算机技术、数值分析的开创者之一。

1944年夏天，哥德斯坦从阿伯丁医院出来到火车站等去费城的火车，正巧碰上了冯·诺伊曼。哥德斯坦早就听说过这位世界闻名的大数学家。他怀着年轻人会见大人物那种惴惴不安的心情走近冯·诺伊曼作自我介绍，开始攀谈起来。冯·诺伊曼热情友好，毫无架子，很快就使他不觉得拘束，大胆地谈起自己的工作来。当冯·诺伊曼知道他正在搞每秒能算 333 次乘法的电子计算机时，谈话气氛一下子变了。冯·诺伊曼严肃而认真的询问，使他觉得好像又经历一次博士论文答辩。当然，冯·诺伊曼也从中看到了具有头等重要意义的大事。

一年多以前，受阿伯丁弹道实验所的委托，建造第一台电子计算机正式在费城宾夕法尼亚大学莫尔学院上马。这就是“电子数值积分及计算器”（简称 ENIAC）。主要研制者是工程师艾克特和物理学家莫奇利。冯·诺伊曼急不可耐地想要看看这台尚未出世的机器。他很快就得到同意。艾克特后来回忆说，他能够从冯·诺伊曼所提问的头一个问题来判断他是否真正是位天才。1944 年 8 月初，冯·诺伊曼来了，他一看就问起机器的逻辑结构，而这正是艾克特所谓天才的标志。从那时起，冯·诺伊曼就成为莫尔学院的常客了。他同 ENIAC 的首批研制者们进行认真而活跃的讨论，问题集中在 ENIAC 的不足之处。他们考虑研制一台新机器 EDVAC（离散变数自动电子计算机）。

1945 年 3 月，冯·诺伊曼起草 EDVAC 设计报告初稿。这份报告对后来的计算机影响很大，其内容主要是确定计算机由五部分组成：（1）计算器；（2）控制器；（3）存储器；（4）输入；（5）输出。采用存储程序及二进制。虽然冯·诺伊曼的参与开辟了电子计算机的新时代，但这台机器却长期停留在纸面上，一直到 1952 年才正式建成。到这时，存储程序计算机已经造出不少台了。原来到 1945 年年底，ENIAC 完成之后，研制人员就因为优先权问题而争吵起来，莫尔学院的研制小组于是陷入分裂。两位技术专家艾克特和莫奇利自己开公司，从事计算机研制及大规模生产。而冯·诺伊曼、哥德斯坦等回到普林斯顿高等研究院，开始了他们的新一轮的合作。

六、战后岁月

1946年年初，普林斯顿高等研究院由于冯·诺伊曼的归来而热闹起来。在他的影响下，这所原来从事冷冷清清的理论研究的单位，开展了从计算机的研制到计算机应用的广泛研究。他们建立实验室，请工程师及各种专业人员，形成一个真正的“计算机热”。这对计算机的普及影响很大。这种热潮持续了10年左右，由于冯·诺伊曼去华盛顿及哥德斯坦的离开，普林斯顿高等研究院又恢复了原先的老样子。

在各方面的资助下，冯·诺伊曼等首先研制了“完全自动通用数字电子计算机”，它以高等研究院的缩写IAS命名，是现代通用机的原型。1946年6月，他们的《电子计算装置逻辑结构初步讨论》发表。这个机器在1951年夏交付使用，效率比ENIAC快几百倍。

显然，冯·诺伊曼脑子里面不完全是技术问题，他念念不忘的是使用计算机，尤其是应用计算机去解决复杂的数学问题。他必须在两方面取得进展：一是如何编出又快又好的执行程序，二是怎样把数学问题进行数值计算。他在这两方面都做出了自己的贡献。

早在1946年，冯·诺伊曼和哥德斯坦就研究编程序的问题。他们发明所谓“流程图”来沟通数学家要计算的问题的语言与机器的语言。他们采用一些子程序，而且采用自动编程序的方法把“程序员”的语言翻译成机器语言。这样大大简化程序员编制程序的烦琐步骤。

从某种意义上来讲，冯·诺伊曼是现代数值分析——计算数学的缔造者之一。他对计算机的各种可能性进行了广泛的研究和试探。特别是对于计算机广泛使用的线性代数的计算的研究，比如求解高阶线性方程组，求特征根、矩阵求逆等，设计了计算程序，研究了误差范围。他最感兴趣的是流体力学问题，在把连续问题化成计算机能做的离散问题必须考虑数值稳定性，也就是离散方程的解收敛于原来方程解的问题，以及误差的积累和传播的问题。在这方面他做了大量奠基性的工作。由于有了计算机，还要发展适合于计算机的算法，特别值得一提的是，他协助乌拉姆等人发表了蒙特·卡罗方法（1949 年首次发表），这种方法是把问题化成为统计抽样问题，通过大量抽样而计算出结果来。

他念念不忘使用计算机“摸规律”，由于他的早逝没能完成这方面的工作。费米、乌拉姆等人在他的影响下于 1954 年进行著名的非线性谐振子计算机实验。这个实验经过改进，在 1967 年终于得到浅水波方程的孤立子解，它显示了计算实验的伟大启发力量。

20 世纪 40 年代末起，他集中进行自动机理论的研究，到 50 年代中期，自动机理论成为计算机科学中一个非常活跃的分支。

他在这方面头一项工作是 1948 年 9 月在希克松会议上公布的题为《自动化的一般逻辑理论》的文章，这篇文章 1951 年发表。他特别感兴趣的是复杂自动机，像人的神经系统及大型计算机。在后来的研究中他对于由不可靠元件如何组成可靠的生物体感兴趣。1952年秋天，他开始研究自动机的复制问题，他设计了一个具有29个态的自复制系统。这些手稿一直到1966年才公布于世。临终前，他深入比较了天然自动机和人工自动机，没有完成的手稿在1958年以《计算机与人脑》出版。

第二次世界大战结束后，大多数科学家很快就摆脱军事研究，回到他们的老行当上，过着自由自在的生活。很多人对于原子弹的后果感到震惊。冯·诺伊曼一开始就同这些科学家不同，他投书《纽约时报》极力为核试验辩解。他甚至主张对苏联进行预防性战争，可以说是十足的“鹰派”。当反对研制氢弹的奥本海默对美国的忠诚受到怀疑时，冯·诺伊曼曾替他进行辩护。奥本海默虽然未被起诉，但再也不被重用。

与此同时，冯·诺伊曼的公职头衔达到十几项，他不仅是陆军、海军、空军各机构的顾问，而且是政府一些高级机构成员，1955年被艾森豪威尔总统任命为国家原子能委员会委员，同时还是导弹顾问委员会主席。作为一个高级行政官员，他迁往华盛顿居住。

数学界也没有忘掉他，战后各种荣誉、头衔纷至沓来，1951年到1952年，他担任美国数学会主席，并在1956年获得首次爱因斯坦奖和费米奖。费米和爱因斯坦相继在1954年、1955年去世，而刚过50岁的冯·诺伊曼这时也已疾病缠身。他觉得胳膊抬不起来，动了手术之后发现得的是骨癌。他那理智的头脑知道自己没有多少时候好活了，但他继续坚持工作，甚至运动，但疾病还是很快就恶化了。他只能在轮椅上待着，但他仍没有停止思考、写作甚至参加会议。直到 1956 年 4 月，他被送到里德医院，继续与那似乎不可避免的命运做了最后的拼搏，终于无法逃脱病魔的控制，留下大量未竟之业于 1957 年 2 月 8 日与世长辞。

（作者：胡作玄）

外尔

数学家、物理学家、哲学家三冠王

赫尔曼·外尔

（Hermann Weyl，1885—1955）

赫尔曼·外尔[1]，这对很多人可能都是个比较陌生的名字，那么把数学家、物理学家、哲学家三顶桂冠戴在这么一个现代人的头上怕是有点不合适吧？实际上，大家都知道，举凡大物理学家、大数学家无一没有自己的哲学思想，比如像爱因斯坦、玻尔、薛定谔、海森伯等更是具有广博的哲学素养，可是说他们是哲学家恐怕就有些牵强。希尔伯特、闵可夫斯基、冯·诺伊曼等人，都对物理学做过本质上的贡献，可是却没有什么人把他们称为物理学家，他们也没有得过任何物理学方面的奖赏。但是，外尔的确配得上这三个称号。首先，说外尔是位大数学家在数学界大概没什么异议。不仅如此，他恐怕是继庞加莱、希尔伯特之后，20 世纪上半叶最伟大的数学家。菲尔兹奖获得者阿提雅曾经谈到，他最崇敬的数学家就是赫尔曼·外尔，说他自己对数学许多方面的深入研究都来源于外尔的工作。而当代最有影响的数学学派布尔巴基学派的两位创始人，也是当代具有崇高声望的两位数学家韦伊和谢瓦莱，曾为外尔写了讣文，其中深刻地指出：外尔是完成从经典数学（以实数为主）到现代数学（以结构为主）转变的关键人物，这再恰当不过地指出了

1 外尔，也有人译为魏耳、魏尔、韦尔等，为了避免同布尔巴基学派创始人、大数学家韦伊相混淆，本文使用了“外尔”这个译法，并且也建议大家都采用此译名。

外尔在数学历史上的地位。其次，经典数学家与经典物理学有不解之缘，外尔作为现代数学家，不仅把先进的数学工具引进到相对论及量子力学中去，而且给现代物理学注入新的观念。他是统一场论的第一位倡导者，是规范场理论的真正先驱。他第一个把物理学家毫无所知的群及其线性表示理论变成他们武库中的必备武器，直接推动了从分子、原子一直到原子核和基本粒子的研究工作。就凭这些，难道他不应该跻身于物理学家的行列中吗？最后，谈到哲学，这正是外尔的数学及物理学研究的出发点及目标，在他的名著《空间、时间和物质》的序言中写道，这个大题目是多年来抓住他的心灵的“哲学思想、数学思想、物理学思想这种相互渗透、相互作用的范例……”，是“我身上的数学家走在哲学的大道上”。他几乎读遍所有哲学典籍，他的思想从康德到实证主义，从胡塞尔到费希特，最后发现了中世纪神秘主义者埃克哈特大师，他探讨的哲学问题从时间、空间到物质世界，最后到自我、人与上帝。特别是他在1926年为奥尔登堡主编的《哲学手册》所写的条目《数学和自然科学的哲学》是这方面第一部系统论著。难道我们因为作者写的不合哲学著作“规范”而否认它在哲学上的意义和价值吗？

一、踏入数学之宫

赫尔曼·外尔1885年11月9日生于德国汉堡附近的一个小镇埃尔姆荷恩。父亲路德维希是位银行家，母亲安娜是位家庭妇女。那时候，德国正处于经济繁荣时期，科学、技术和文化蓬勃发展，不过，外尔在乡下受教育，并不能接触到外界的新鲜事物，他只能按部就班地学习，虽然在老师的教导下对数学、物理有兴趣，但无论在哪方面都没有什么突出的表现。幸好，德国是一个有悠久文化传统的国家，即使远离城市，还是可以找到他所需要的精神食粮。十五六岁的孩子没事就到他父亲堆放旧书的房间里去搜寻。据他自己后来回忆，他找到一本 1790 年版的对康德《纯粹理性批判》的简短评述的小书。也许由于他的哲学气质，他立刻热心地读起来。现代的中学生，一万个人里面也许没有一个会对这种干巴巴的空间、时间问题感兴趣，可是他不但读进去了，而且成为他后来思考问题的出发点。他说，这本书“立即打动了我的心，使我一下子从教条主义的沉睡中醒过来”。他学过一点欧几里得几何，却不明白空间和几何的本性，康德教会他空间、时间不再是独立于意识而存在的物自体，而是基于我们精神的直观形式，几何学的命题是先天综合批判，这些他都不太费力地弄懂了，而且热心地信奉不移。1904 年，当他从阿尔托那中学毕业时，他已经是康德哲学的崇拜者了。不过，他承认对康德的认识论简直弄不懂，为此，他感到十分苦恼。

一个偶然的机会使外尔从哲学转向数学。他的中学校长是希尔伯特的表兄弟，鼓励他上哥廷根大学的哲学系，还给他开了一封保荐信。1904 年，一个 18 岁的乡下孩子到了这个科学中心，好像走进通往新世界的大门，光怪陆离，目不暇接。他带着那套康德哲学，马上碰到了自己的反题。希尔伯特那本划时代的著作《几何学基础》刚刚出版不久，它向外尔展示，通过逻辑独立性的研究，不仅产生出外尔当时还不知道的、已有近百年历史的非欧几何学，而且还把一大堆各式各样的几何学基本建立在算术基础上。由于这本著作的冲击，他所信奉的康德关于几何学的哲学再也没有从这次毁灭性的打击下恢复过来，而成为历史的陈迹。可以想象，他所受到的震动是多么巨大。这都是数学——希尔伯特的数学造成的。从此，他下定决心不仅要听希尔伯特的课，而且用一切办法去阅读和研究希尔伯特所写的一切。

当时以希尔伯特为代表的哥廷根学派已经是世界数学的中心。希尔伯特和闵可夫斯基在20世纪最初十年间，培养起一代新人，也培育出一代新数学，外尔在这样一个环境下怎能不感到如鱼得水啊！希尔伯特第一年开的课是化圆为方与数的理论，虽然外尔什么基础知识都没有，也大胆去听。希尔伯特的讲课内容一下子钻进他的脑子，它们不仅是数学，还有希尔伯特对科学价值的崇高信念以及对理性和科学的热爱。外尔就是在这个幸运的环境中走上数学的道路的。

1905年暑假，外尔带着希尔伯特的巨著《数论报告》回家去。当时，他连初等数论及伽罗华理论的基础知识都没有，怎能啃动这部当时数论的最高总结呢？这来自热情，受希尔伯特感染的热情。整整一个暑假他就是在尽力弄懂这本“天书”的高度热情中度过的。后来他说：“这几个月是我一生最快乐的几个月。”在他一生的忧患、不安、失败、疑虑的岁月中，“它的光辉仍抚慰着我的心灵”。

1905—1906学年，外尔按照当时德国大学生的惯例，到慕尼黑大学学习一年，然后又回到哥廷根。这时正是希尔伯特的分析时期。希尔伯特对于积分方程的热衷，促使一大批学生搞积分方程，并从此开拓了泛函分析这门新分支。深受希尔伯特影响的外尔，最初的工作也都是分析的。1907 年他开始写博士论文《奇异积分方程》，它是在希尔伯特五篇积分方程的论文和希尔伯特的学生海林格 1907 年博士论文的基础上，把他们的结果由有限积分区间 [a，b] 推广到半无限区间 [0，∞] 上。这是他第一篇学术著作，标志着他的学术生涯的开始。在这篇博士论文最后的简历中，他谈到两位中学老师使他爱上了数学和物理。在哥廷根及慕尼黑，他听过二十几位老师的课，最后他热情地感谢他的导师希尔伯特，承认自己所受的一切影响。后来他在希尔伯特的传记中写道：

> 希尔伯特这位吹笛人所吹的甜蜜的芦笛声，诱惑许多老鼠跟着他投入数学的深河。

他还谈到希尔伯特不像高斯和黎曼，对同时代人的激励很少，没有在他们周围形成“学派”。希尔伯特天性充满了生活的热情，他喜欢同年轻科学家来往，对交流思想感到愉快。在外尔前前后后关于希尔伯特的讲话中，无时无处不充满感激之情。要不是希尔伯特和他所创造的那个环境，如何能使一个什么都不懂的普通乡下孩子几年之内成长为一位优秀的数学家呢？

外尔像海绵吸水那样从希尔伯特那里学习一切：希尔伯特早期的不变式和代数数论成为外尔的晚期工作，而希尔伯特关于分析的工作立即渗透到外尔的工作中（积分方程及狄利克雷原理），就连小小不言的拓扑思想，在外尔的黎曼面研究中也开了花。更重要的是，希尔伯特教会他用“现代”眼光处理数学问题。

外尔以他的“现代”眼光很快就发现，处理积分方程的方法也可以用到斯特姆－刘维尔型常微分方程上。早在19世纪30年代，他们就研究过这类二阶常微分方程：

$$\frac{\mathrm{d}}{\mathrm{d}x}\left[p(x)\frac{\mathrm{d}u}{\mathrm{d}x}\right]+\left[\lambda-q(u)\right]u=0$$

考虑在有限区间 $[a, b]$ 的端点上，未知函数 $u(x)$ 及其导数 $u'(x)$ 取指定的值的问题。他们发现，这类问题只在 λ 取某些特定值时才有非零解。这一串实数 λ 值，$\lambda_0 < \lambda_1 < \lambda_2 < \cdots$ 称为特征值（本征值），而相应的解 $u_0(x)$、$u_1(x)$，$u_2(x)$，$\cdots$ 称为特征函数（本征函数）。他们证明，λ_n 一直延伸到无穷，彼此离散。而相应的 $u_n(x)$ 可以标准化成为一组基，使任意函数可以展开成这些函数的和，正像通常振动可分解为许多和谐振动的叠加一样。外尔又研究了奇异的情形，比如 $a\to\infty$ 或 $b\to\infty$，这时就出现许多新情况，特别是 λ 不一定离散，而变成连续的（相应量子力学中的连续谱），甚至本征值覆盖整个实轴，这种情形变得十分复杂。外尔进一步考虑 λ 取复值的情形，区分极限圆和极限点两种情形，而开辟了后来冯·诺伊曼创造的无界厄米算子的亏值理论。当非离散谱出现时，本征函数展开也不是无穷级数形式而成为积分形式。这是后来卡勒曼积分算子理论的先声。外尔的理论总结在他的1910年就职论文中，由此，他取得了哥廷根大学的无薪讲师职位。

1910 年，著名物理学家洛伦兹来到哥廷根讲演，其中提到一个问题：你是否能由听声音而知道鼓的形状？实际上，这是一个古老问题的反问题。任何振动物体，不管是薄膜、簧片，还是那时还没有的谐振腔中的电磁波，都有它的自然频率，问题是从已知形状求出这些频率来。这个老问题也是本征值问题，对于最简单的一块平面区域（膜），知道解椭圆型方程 $\Delta u+\lambda u=0$，可以由 λ_1、$\lambda_2\cdots\lambda_{a-1}$ 定出 λ_n。外尔用“极大极小”方法可以直接求出 λ_n，这种方法后来被柯朗概括成一个一般的原则。反过来，知道 λ_n，又能对振动物体的形状给出什么信息呢？对于最简单的情形，当 $n\to\infty$时，$\lambda_n \sim 4\pi n/A$，也就是最低频部分频率大致只与振动膜面积有关，即通过最低频率可以估计出振动膜面积大小。当然，外尔不仅仅解决一些具体的问题，他还把这问题发展成一整套数学理论——本征展开理论。这个理论在二战之后有着蓬勃的发展，具有广泛的应用。而“听音知鼓形”的问题，到 70 年代再一次掀起研究的热潮，把二、三维简单区域的问题推广到一般流形上去。

20 世纪初还不知道流形，数学家只知道曲线、曲面，以及复平面的一块区域，正好是外尔对一般流形进行了内在的刻画，从而把人们引向拓扑之路。

1911—1912 学年，外尔在哥廷根开了一门黎曼的函数论课程，他发现黎曼面并没有一个恰当的定义，过去研究都是依靠直观，许多证明也不严谨。于是，他下决心沿着希尔伯特的公理方法的道路重新改造函数论。首先要给黎曼面一个严格的内在的拓扑的定义。黎曼面是黎曼处理多值函数的一个形象的工具。以前我们研究的许多函数，如指数函数、对数函数、多项式、三角函数等都是单值函数，也即对于一个自变量的值，只有一个函数值与它对应。在初等数学里，研究的都是实变量的实函数，函数可以用图像表现出来，上面的单值函数对于 x 轴的每一点作平行于 y 轴的直线只与函数图像交于一点，如 $y=x^2$ 这个抛物线。可是，多值函数不同，一个自变量值对应两个或两个以上的函数值，如 $y=\sqrt{x}$ ，在图像上显示就是一条于 y 轴平行线与图像交于两点或两点以上。这种多值函数在初等数学中就已经常常见到了。如圆周 $x^2+y^2=1$。不过，当函数定义域和值域都是实数时，我们可以很“直观”地通过函数图像来研究。可是，19 世纪中叶，函数的研究由实数域扩展到复数域，也就是研究定义在复数平面上，取值也在复数平面上的复数函数。这时函数的定义域和值域都由一条直线（或其一部分）扩大为一个平面。这样一来，函数的直观图像就画不出来了。对于单值函数，你还可以摆上两张平面，一张表示定义域，一张表示值域，当自变量在定义域中变化时，可以描画函数值变化的情况。问题是多值函数，当你用这种方法描画时，在定义域上画出一根线，在值域上就描画出两根或多根线，使人眼花缭乱。黎曼为了使多值函数表现得更直观些，他就把定义域那张平面变成多张，叠在一起，使得每一张上的点仍对应函数的一个值。比如 $y=\sqrt{x}$ 是一个二值函数，就用两张平面表示 x 的定义域，一张相当于对应 $y=+\sqrt{x}$ 的值，一张相当于对应 $y=-\sqrt{x}$ 的值。这两张也不是完全分离的，在原点（单值点）沿着实轴粘在一起。对于任意的多值函数都可以造出这样一个单值化的定义域，这就是黎曼面。研究多值函数，尤其是代数函数，也就是研究黎曼面上的函数论了。

外尔第一个任务是除掉那些“直观”的东西，真正严格定义什么是黎曼面。他采用希尔伯特早在 1901 年给曲面下的定义——用邻域的公理来定义，又吸收布劳威尔关于单形剖分的方法，给出黎曼面（也就是一维复流形）的定义。从此，黎曼面“不只是使解析函数的多值性直观化的手段，而且成为这个理论的本质部分……是解析函数能在其上生长繁荣的唯一土壤”。这样一来，函数论的局面打开了，不仅可以推广到黎曼面与黎曼面之间的解析映射，而且为推广到高维复流形打下基础。整个黎曼的理论从此突飞猛进地发展，成为分析中一颗灿烂的明珠。而这些思想都来自外尔在 1913 年的经典著作《黎曼面的概念》一书。这本书的思想又是另一部经典著作——豪斯道夫《集论》的催生婆。这部书直接奠定了一般拓扑学的基础，外尔的理论直接导致不依赖于函数、不依赖于嵌入的流形概念的发展，直接促使拓扑学成为当代数学的女王。

接着，外尔开创了解析数论的一个新分支——模 1 的一致分布理论。这个理论对以后的解析数论的发展有着举足轻重的影响，特别是由此得出的指数和的估计，直接导致许多数论问题的推进，如华林问题。

模 1 的一致分布，听起来莫名其妙，实际上很简单。一串实数 a_1，a_2，$\cdots$，每个都可以表示成为小数，如果把整数部分去掉，就成为一个小数，也就是在 0 与 1 之间，这就是模 1。这些小数在（0，

1）区间上，如果有的地方集中，有的地方稀疏，当然分布就不均匀，而一致分布则是指它们均匀地分布在（0，1）当中。外尔在1914 年证明一致分布理论的基本定理，也就是一串实数 a_1，a_2，…一致分布（模 1）的充分必要条件是，对于任何非零整数 h，当 $N\to\infty$时，有

$$\frac{1}{N}\sum_{n=1}^{N}\mathrm{e}^{2\pi i h a_n}\to 0$$

由这个定理立刻可以推出，如果 θ 是无理数，则实数列 θ，2θ，3θ，…是模 1 一致分布。这个定理所推出的重要结果是，如 f 是一个多项式 $f(x)=\theta x^k+\theta_1 x^{k-1}+\cdots+\theta_{k-1}x$，只要 θ，θ_1，…，θ_{k-1} 中至少有一个是无理数，则序列 $f(1)$，$f(2)$，…，是模 1 一致分布的。为了证明这个定理，外尔证明了外尔不等式，对于多项式指数和作出估计。单从这个指数和的估计，立即产生一系列解析数论的结果，比如著名的华林问题，即任何正整数均可表示为 $g(k)$ 个 k 次幂之和，以及黎曼 ζ 函数的估计等。这一重大成就也不是天上掉下来的，而是他在研究调和分析的问题时顺便考虑的结果。

从 1908 年到 1915 年，短短的几年间，外尔已经由一个新手成长为一个成熟的分析大家了。不难看出，在他第一阶段的工作中，处处留下希尔伯特这位大师的烙印，无论是研究题目、思想方法，还是对数学的观点，无一不受希尔伯特的影响。现在他要离开哥廷根，独立地在更广阔的天际翱翔了。

1913 年成为他生活的第一个转折点。这年他出版了第一本书，被聘请到瑞士联邦工业学院当教授，而且同海拉结婚。海拉出身名

门，父亲是位名医。她聪明、漂亮，是位著名的才女，当时在哥廷根大学读哲学，后来研究欧洲哲学，曾将西班牙大哲学家奥尔特加·伊·伽塞的著作翻译成德文。当年她在哥廷根校园中一出现，追求者就蜂拥而至，使她父亲深感不安。这些追求者中不乏出类拔萃的人物，比如在当时已经崭露头角的冯·卡门。众所周知，他是空气动力学专家。可是，当海拉宣布她与赫尔曼订婚时，在哥廷根引起了普遍的惊异。外尔名不惊人，貌不出众。他是个乡下来的孩子，还没完全脱离土气，非常害羞，说话也吞吞吐吐，讲不出能够打动姑娘心扉的长篇大论。在哥廷根的众多小圈子中，他也是局外人，从不参加“集体活动”。比起其他竞争者，他似乎没有一条比别人强。正如柯朗在 1948 年海拉去世后的悼词中所说，很快人们就懂得海拉的选择是有她的理由的，她在外尔还没成名时就看出了他的价值。

二、在苏黎世的 17 年

外尔从 1913 年秋到苏黎世一直到 1930 年又回哥廷根，这 17 年间，世界政治、科学都经历了翻天覆地的变化。1914 年 8 月，第一次世界大战爆发，远在瑞士的外尔也在 1915 年服了一年兵役。1918 年年底德国战败，《凡尔赛和约》签订。沉重的战争惩罚，导致德国通货膨胀、民不聊生。魏玛共和国充满了不安的情绪，从而使纳粹有机可乘，最后终于让希特勒上台，又给德国和世界带来了新一轮战争灾难，这是后话。奇怪的是就在一战到二战前后这段时间，欧洲的少数天才给科学带来新的革命，引起了全世界的注目。

1913 年到 1915 年，爱因斯坦发表广义相对论，1919 年 5 月英国天文学家观测日食，证实其预言的光在引力场中的偏转，从而引起了轰动。接着量子论也蓬勃发展，1925 年到 1926 年，两种等价的不同形式的量子力学建立起来，随后玻恩的解释及海森伯的测不准原理及玻尔的互补原理再次造成轰动。人们开始用量子力学研究原子、分子、核及基本粒子。面对物理学的革命，当时的大数学家都做出自己的反应。哥廷根的 F. 克莱因、希尔伯特、闵可夫斯基立即密切注意物理学的发展。闵可夫斯基在对狭义相对论做出自己的贡献之后不久于 1909 年就去世了，希尔伯特立即把注意力从分析转向物理学，并独立地提出广义相对论引力方程的完整形式。量子力学产生之后，他也同他的学生一起研究这门新学科。不过，对于希尔伯特这位大师来说，除物理学外，自己的后院——数学也出现了麻烦，他更为关注“我们的科学”之基础的稳固，因为他已经看到布劳威尔的反叛大旗已经举起，而自己最得意的学生外尔在这期间也发生了动摇。在这种激荡的岁月当中，外尔完成了他最重要的工作：统一场论与仿射联络几何学、李群表示论与量子力学、数学及自然科学的哲学。

1913 年外尔刚到苏黎世时，爱因斯坦还在那里任教。同爱因斯坦的谈话无疑使外尔注意到了这块新领域。也许由于兵役的耽搁，他没有能立即做出反应。1916 年复员之后，希尔伯特及爱因斯坦的论文均已发表，物理学与几何学之间的联系已经非常清楚了。这时，外尔终于看出希尔伯特用公理方法很少取得成功。后来他说过，“在物理学中需要一种不同于数学的想象力”，也许正是这种觉悟使他开始在思想上背离了他的恩师。他开始设想沿着爱因斯坦的路走下去，把当时仅知的两种场——引力场和电磁场统一起来，并寻求其恰当的数学表述形式。

统一场论的企图当然没有成功，因为到现在为止，即使经过像爱因斯坦这样的大家的多年不懈的努力仍然前途渺茫。不过，它的数学副产品——联络乃至纤维丛数学理论却独立地向前发展，而且一再为物理学提供合适的工具。

爱因斯坦广义相对论的数学基础是黎曼几何和张量演算。黎曼是这种几何的创始人，他在 1854 年的就职演说中，提出了他对几何基础的看法。他认为几何是建立在下面两个事实的基础上：（1）空间是三维连续统；（2）两个相邻的很近的点 $P=(x_1, x_2, x_3)$ 与 $P'=(x_1+dx_1, x_2+dx_2, x_3+dx_3)$ 之间的距离的平方 ds^2 是 dx_i 的二次型：

$$ds^2=\sum_{i,k} g_ik dx_i dx_k \quad (gk_i=g_ik)$$

这也就是说，空间是一个度量的连续统，这就是所谓黎曼空间的原型。后来的黎曼几何推广到三维以上。其第一个基本问题是这样的空间的基本性质，也就是在坐标 $(x_1, x_2, x_3, \cdots)$ 的变化下保持不变的那些性质，因为只有这些不变的性质才代表几何性质。从此开始了微分不变量的研究。特别是意大利数学家里奇创造了张量分析，他和他的学生列维-奇维塔对这个方法的系统论述直接给爱因斯坦提供了工具。黎曼几何及物理上的量可以以张量的形式表示，特别是各种曲率。到此物理学家就心满意足了，但数学家还要问一问，现在能不能摆脱黎曼度量的束缚，从某些性质可以直接得出曲率来？这就是平行移动的概念。1906 年，布劳威尔已经对常曲率曲面引进这个概念。1917 年，列维 – 奇维塔改进里奇的一个想法，引进向量的平行移动的概念，同年 G. 海森伯（非量子力学创立者海森伯）独立地提出了这个概念，这个概念是对黎曼几何学一次大改革，一下子把几何学推向更加广阔的天地。

平行移动的概念不难理解，在平面上，两个向量平行，如果我们把两个向量起点连结起来成一直线，则平行向量同这条直线的夹角必然相等。可是，到曲面乃至一般的黎曼空间，我们考虑的是起点在黎曼空间中，而向量是在各点的切空间里。这时连结两起点最短的线一般不是直线，一般称为测地线。比如球面的测地线是大圆。而沿着连结两点的测地线移动时保持向量与测地线切线夹角相等，那么这个向量就是平行移动。用平行移动可以定义曲率。比如我们可以让 P 沿着闭曲线 L 走一圈回到 P，那么向量或切平面都发生一个变化，这个变化可以称为“沿 L 的曲率”。外尔所作的决定性一步是使之完全不依赖黎曼度量。他在几维微分流形上引起一个无穷小仿射结构，也就是选取 n^3 个函数 Γ^i_{jk}，在给定坐标系之下，在（x^i）点处的向量（ξ^i）与邻近点（x^i+dx^i）的平行向量（$\xi^i+d\xi^i$）之间的关系由下式定义：

$$d\xi^i=-\Sigma\Gamma^i_{rs}\xi^i dx^s$$

这样一来，就可以按照通常方式定义测地线和曲率。这种仿射

联络 Γ^{i}_{jk} 要具有某种变换性质。具有仿射联络的流形或空间称为仿射联络空间。黎曼空间只是其中一个特例。其后，埃利·嘉当等人定义了射影联络空间及保形联络空间，另外有人从各种角度推广黎曼几何，使微分几何学获得大发展。

不过，外尔的目标并不是几何而是“统一场论”。因为引力场量已经用几何量表示出来，现在要把电磁场量也如法炮制。这就是先把满足麦克斯韦方程的电场强度和磁场强度改造一下，不难把它们换成电磁势 φ 及相应的四阶反对称张量。于是外尔把电磁势及其相应的张量加到引力的能量－动量张量上，然后通过最小作用原理导出统一场的方程。为了使结果有物理意义，外尔得出方程必须在电磁势进行规范变换下保持不变。电磁场是最简单的规范场。后来杨振宁等人把这种阿贝尔规范［规范群是交换群 $U(1)$］推广到非阿贝尔规范 $SU(2)$，后来这种规范场论成为弱电统一场论的基础，进而有人在更大的规范群下构造强弱电的大统一理论，但是外尔原来的目标却一直没有实现。他所导出的场方程及运动方程立即遭到物理学家的批评。因为他的假定没有物理意义，而且方程的阶变成四阶之后，能量守恒也保不住了。外尔太追求形式，忽视了物理意义，使他对统一场论的初次尝试彻底失败。

不过，他从 1915 年起对用数学方法表述爱因斯坦的工作一直不遗余力。1916 年至 1917 年，他在苏黎世高等工业学院开课，讲相对论，同时自己进行几何学及相对论的研究。其结果产生出《空间、时间和物质》这本著作。这是他把哲学、数学、物理学进行三结合的重要经典，也是给物理学家系统阐述数学知识，同时使数学家了解物理学的第一本著作。这是第一部系统介绍广义相对论的著作，由于清晰而严格的叙述立即受到普遍欢迎。从 1918 年出版到 1923 年五年之内再版五次，成为不少年轻人的入门书。海森伯在大学时代就是这本书的热心读者。数学家也受到这本书的鼓舞，在短短时期之内，形成各种一般微分几何学竞相发展的高潮。

爱因斯坦不同意外尔的物理学，但是，他说："我相信，外尔不仅是一位出类拔萃的人物，而且在为人方面也是讨人喜欢的。只要有机会同他见面，我是不会错过的。他一定会从相对论的死胡同里走出来。"1923 年 5 月，他告诉外尔："数学是好极了，但是大自然总是牵着我们鼻子走。"量子力学诞生以后外尔又一次跃跃欲试，希望再把电子场统一进去，当然，他还是没有成功。

相对论的数学工作不太成功，外尔于是把自己的注意力集中到几何问题——空间问题。他以那种寻根究底的精神，探讨空间结构的内在根据。黎曼为什么假定度量是一个二次型？一个空间还有更本质的东西，那就是自由运动群。亥姆霍兹早在 1868 年刻画常曲率空间为容许刚体运动的空间。在这种情形下，ds^2 的表达式是唯一决定的。李进一步补充他的证明，证明这运动群与使二次型不变的线性变换群同构，并引进了李群。外尔刻画无穷小转动群为使非退化二次微分形式不变的线性变换群。实际上开始了他从群论角度的几何学研究。

1923 年起，他开始研究连续群的线性表示工作，而 1925 年到

1926 年发表的三篇论文，外尔也认为这是自己对数学的最大贡献。这三篇论文是关于半单李群的线性表示。在数学中，群的概念已有上百年的历史。庞加莱说，数学中无处不是群。克莱因把几何学都归结为群的研究。19 世纪末，开始了抽象群论的研究。当时熟知的群有两大类，即一类是元素有限的群，一类是连续群，主要是李群。对于有限群，19 世纪末到 20 世纪初曾进行了许多研究，特别是把它们具体化也就是求出它们的线性表示，也就是把每一个群中的元素与一个向量空间的线性变换（矩阵）对应起来，这样对群的了解就不那么抽象了，群元素之间的运算，都可以通过熟知的矩阵乘法具体地算出来，这就为群论的应用打开了大门。通过群的表示还可以得出群本身的许多性质，为发展数学理论奠定基础。有限群有了一大套理论，但是，连续群则不够。在 19 世纪末，埃利·嘉当对于李群的局部情形——李代数进行了分类及表示的研究，给复半单李代数完整分类。外尔第一项重大贡献是还原李群的本来面貌，进行大范围的研究。大范围的研究反映群的整体性质，他首先寻找半单李群的覆盖群。他证明，紧半单李群的万有覆盖群也是紧的。于是他设法给每一个半单李群找一个紧的替身，而紧李群与有限群有许多相似的性质，这样一来，就可以把有限群的技巧搬过来了。从而外尔把以前局部的结果及个别的例子统一成一个完整的理论。不仅如此，他的技巧与思想直接导致许多应用，大大推动了数学及物理学的发展。

这时正好量子力学诞生了。在物理学家探求其物理学基础时，数学家开始寻求理想的表述方法。数学家的老朋友——群，开始被引进物理学。而广大的物理学家，则对群感到陌生，甚至感到厌恶，连狄拉克也不例外。他们觉得这只不过是数学家故弄玄虚。数学家需要露一手了。当时物理学家只是在结晶学中碰到过群，也许还有洛伦兹群。维格纳、冯·诺伊曼及外尔最早把群用到量子力学上。外尔对群的熟悉使他很容易看出三维空间的转动群以及置换群在球对称原子或离子的电子构型中的作用。他很容易从表示论推出，除了主量子数，其他量子数都是群表示的特征指数。这再清楚不过地表现出群论的威力。

在大多数物理学家还不懂线性代数的时候，群论实在是太神秘了。对于外尔来说，群论与量子力学的联姻是多么自然的事，物理学家为什么一定摆脱不掉他们老一套的工具呢？物理学变了，数学工具也相应要变。于是，早在 1928 年，外尔写的《群论与量子力学》就问世了。这本书是为了物理学家学习线性代数和群表示论，同时也为数学家学习量子力学而写的。它不仅成了这方面的经典著作，而且再一次促进从 19 世纪中叶以后日益疏远的数学及物理学再次紧密结合。他在序言中告诉物理学家，在物理学家创造量子力学的时候，数学家创造出抽象代数，特别是非交换代数以及域的一般概念，这些难道不能对不再局限于实数的量子力学家有所启发吗？

这一次，外尔不想只满足于给物理学家“打下手”，他要像物理学家那样干点有物理意义的工作。他干了不少，像用群论解释电子自旋，进而用二分量旋量表示费米子，质量为 0 时四分量波动方程退化为二分量方程，这预见了中微子二分量理论。他还对分子结合能进行计算并同特勒等人合作研究价键理论，都取得了巨大成功。

三、哲学探求

外尔在苏黎世时，特别是前十年，在紧张的数学、物理研究工作之余，其实一刻也没有停止对哲学问题的探讨。当时，成为他启蒙教育的康德哲学在数学面前很快就败下阵来，于是他深入到数学及物理学的学习中去。可是康德的认识论问题对他仍是未解之谜，他还是要弄明白。他在大学时，自然接触到当时流行的实证主义思潮。他读了许多哲学名著，如朗格的《唯物论史》，特别是科学家写的哲学著作，如庞加莱的《科学与假设》与马赫的各种著作。这些哲学特别容易被科学家接受。

爱情有时有着不可思议的魔力。他在后来的回忆中写道，正像 G. 凯勒由于爱上了费尔巴哈朋友的女儿，使自己的宗教信仰动摇一样，他爱上了一位女歌手，这位女歌手是在宗教环境及黑格尔哲学占统治地位的圈子里长大的，他的实证主义信仰动摇了。由于他思想上不成熟，也由于他无法克服世界观上的矛盾，这次恋爱没有成功，不过实证主义却很快扔掉了。不久，他认识并爱上了海拉，他后来的妻子。当时海拉在哥廷根大学跟着胡塞尔学哲学，他也对胡塞尔的哲学很感兴趣。胡塞尔本人原是学数学和自然科学，1891 年他发表《算术哲学》，深受当时心理主义思想影响。1900 年到 1901 年，胡塞尔发表两卷本的《逻辑研究》则是在布伦塔诺的影响下，对玻尔查诺逻辑思想综合的结果。这本书首次提出“现象学描述分析”的方法。1901 年胡塞尔到哥廷根大学当副教授，1906 年升为正教授，在这期间，影响了一小批年轻人，形成一个小小的现象学运动。外尔接受了胡塞尔的本质分析法，并在《空间、时间和物质》中把空间研究作为这种方法的好例子。他认为相对论的成功归结为本质分析与数学构造相结合的方法。不过，他对胡塞尔现象学的内在矛盾不满，使他投向费希特的先验唯心主义的怀抱。

外尔是在苏黎世经人介绍和他夫人一起参加了费希特认识论哲学讨论班的。他立刻被费希特彻底直接的构造思想吸引住了。而这也正好符合他在数学基础上的构造主义立场。后来外尔引用费希特的话：“一个人选择某种哲学，就看他是怎样的一个人。”这种自由构造正是他所需要的。最后，他在 1922 年看到埃克哈特大师的讲稿，这些著作立即打动了他，这成为他一生中第二次也是最后一次最快乐的时光，在抛弃宗教思想十年之后，他又回到宗教的怀抱。当然，这是唯心主义走到极端的自然发展道路。经历了十年的阅读及苦思，他精神上似乎有了归宿，这时他开始系统研究数学及自然科学哲学了。

1927 年出版的《哲学手册》登载他的文章，后来又出过单行本。它分成数学和自然科学两部分：前一部分包括数理逻辑、公理学，数及连续统、无穷，几何学三章；后一部分包括空间时间、先验的外在世界，方法论，世界的物理图像三章。其中引用 100 多位哲学家、数学家及自然科学家的原著，对于整个问题进行详尽而清楚的阐述。其后他还发表许多单篇论文阐述这类问题。

外尔似乎是在科学的研究与哲学的沉思中平静地度过他的一生的。可是，生活在经历两次世界大战及两次世界大战之间动荡不安的欧洲，谁又能与世隔绝呢？幸好他不像许多同时代人（如柯朗）真正到战场上去厮杀，不过他也得服兵役，而且在兵营中他还有时间弄数学，《凸体的微分几何》就是在这时写的。到了苏黎世这世外桃源真是逍遥自在、自得其乐了。但是科学需要交流，闭塞足以使科学窒息。外尔的声望使他多次有机会回到哥廷根，每一次都使他进行痛苦的思想斗争。其实，早在第一次世界大战还没有结束时，胡塞尔离开哥廷根到符瑞堡大学就任，哲学教授的位子就空出来了。当时哲学系中哲学、数学、物理学的教授在一起，关系不那么融洽。柯朗向希尔伯特建议，请当时不仅在数学而且在哲学和物理学方面也有很大名声的外尔来接任。他认为这样可以改善数学家与哲学家的关系。可是希尔伯特没有采纳他的意见，他支持纳尔逊。纳尔逊思想独立，也吸引一批年轻人，他在柏林大学拿了博士学位以后，胡塞尔一直反对他在哥廷根取得讲师资格。由于希尔伯特的帮忙，他成了讲师，1919 年希尔伯特又支持他当副教授，补胡塞尔的缺。柯朗对这件事一直耿耿于怀。1922 年，他同教育部交涉把哲学和数学系改名，实际上是把数学及自然科学系独立出来，而且多加一个教授席位。聘书到了苏黎世，外尔面对痛苦的选择：他和德国大学血肉相连，希尔伯特、闵可夫斯基时代的往事是多么令人神往。不过，今非昔比，战败的德国政治局势动荡不安，经济生活更不稳定，通货膨胀犹如脱缰野马，人们还要为衣食发愁；当然，也有好的传统，有优秀的年轻人……他同妻子反反复复地权衡利弊，下不了决心，多少不眠之夜是在热烈争辩中度过的。到了期限，他最后拿着“接受”的电文向电报局走去。可到了电报局，他又改变了主意，发出“辞谢”的电报。

20 世纪 20 年代的哥廷根是回光返照的时期。在数学和物理学两方面都进行着热气腾腾的创造活动。诺特在这里开创抽象代数，一大批人跟着她。量子力学在这里成为热门，成为从希尔伯特到冯·诺伊曼的研究对象。比起物理学，希尔伯特当然更偏爱数学，他对数学基础仍然不放心，请了许多人同他一起探讨。外尔常常来到哥廷根，他已经不是过去的希尔伯特的得意门生了，在数学基础方面，他已站到老师的对立面成为布劳威尔的吹鼓手了。一战后，希尔伯特愤怒地批判布劳威尔，可是，他一点儿也没读过人家写的文章。这些都是从外尔那里听来的。外尔后来说：“他（希尔伯特）正如所有其他数学家一样，从布劳威尔直觉主义的启示中获益匪浅。”他是指希尔伯特元数学中所贯彻的正是布劳威尔精神。当然，希尔伯特本人从来没有承认过，而且对布劳威尔的日耳曼民族主义极为反感，后来还乘机撤掉他《数学年刊》的编辑职务。外尔在数学基础方面虽然站在希尔伯特的对立面，在数学上却是“新”数学的支持者。他十分赞赏诺特在抽象代数方面的工作，同时也关注在她影响下代数拓扑学的发展。他看得出，抽象代数的引进对于布劳威尔和他本人的老式组合拓扑学是一次促进。后来他表示，代数和拓扑是现代数学的两翼。1930 年，希尔伯特退休，他愿意让外尔继承他的职位。外尔夫妇再一次犹豫不决，再一次在苏黎世长夜散步，争论不休，不过，这一次的结果不同，外尔接受了哥廷根大学的教授职位。

这个时候的哥廷根已经走下坡路了，就算外尔极力想恢复哥廷根昔日的荣光，也已经感到力不从心了。他沿着自己过去的道路自然地向前发展，同时也吸收着外来的营养。他书生气十足，眼看着希特勒上台后大搞反犹活动，他的妻子虽然是半个犹太人，他还是当上了哥廷根数学研究所的所长。1933 年春天和夏天，许许多多人遭了难，可是他还在那里一本正经地工作、写信、打报告、征集签名（特别是挽留诺特），同政府的官僚打交道，希望这种局面有所改变。最终他的幻想完全落空了。

1933 年夏天，外尔一家到瑞士度假，还在想着也许回来以后，日子会变好，哥廷根的伟大传统也许能靠他恢复起来。可是，美国的朋友却不停地“打扰”他：给他写长信、发电报，劝说他赶紧离开，否则就太晚了。新成立的普林斯顿高等研究院再次给他提供教授职位——这是一般人做梦也求不到的美事。外尔再一次犹豫不决。最后，爱因斯坦的信终于打动了他。由此他开始了在大洋彼岸的后半生。

四、普林斯顿的日子

他踏上美国国土时，已经年近半百了。美国是一个年轻人的国度。比他小近 20 岁的冯·诺伊曼感到如鱼得水，可是他却感到不太自在。因为他是个老派的欧洲人，在根基深厚的欧洲文化传统中成长起来。在欧洲，有他须臾不可离的音乐、美术、诗与各种文学、哲学著作，在当时的普林斯顿那里可没有这种阳春白雪，全都是下里巴人。至于数学家和物理学家也有一些，可是，总体水平比起欧洲来可就差多了。他感到精神上的寂寞。还好，这里还是有一些出类拔萃的人物，像诺特、韦伊、谢瓦莱等可以聊聊，他们形成一个移民的小圈子。生活是安定的，没有什么压力，他可以做任何自己愿意做的事，但就是没有哥廷根那种鼓舞人心的学术环境。从他 1935 年为悼念诺特去世和 1943 年为悼念希尔伯特去世所写的文章来看，他是多么留恋过去的那些美好时光啊！他希望自己能够尽力把普林斯顿高等研究院也办成像哥廷根那样的中心，吸引到各国的尖子人才。为此，他 1943 年邀请中国的陈省身、1949 年邀请日本的小平邦彦到普林斯顿，并为他们创造条件，使其能够很快适应和利用高等研究院的环境，在研究上产生飞跃，成为杰出数学家。当然，他在美国也继续了自己在数学研究上的努力，并有所斩获，于 1939 年出版了专著《典型群，其不变式及其表示》。在这本书中，他使得不变式论又复生，使典型群成为数学的一个重要分支。另外，他还写作了《代数数论》，使从高斯到希尔伯特的德国代数数论在美国得到普及，使得战后美国在这方面有卓越的贡献。

1933 年，华盛顿哲学会请他作讲演，他以“对称”为题，概括了从古到今艺术上、自然界中、数学中的对称性，最后他用诗人安娜・威干姆的诗作为结束：“上帝呵，你就是至高无上的对称……”1952 年，在这次讲演的基础上，《对称》这本小书出版，成为美国科学家的必读书。他的这些通俗著作在同类书中可以称得上一个典范。

第二次世界大战期间，这位年近花甲的老人仍然孜孜不倦地开展着他的数学研究工作。除了过去的老题目，他热心地注意新近的数学发展。紧紧跟上年轻人的步伐，这是极不容易的事，可是外尔一直到 70 岁，还能够把当时新出现的代数拓扑的复杂计算讲得头头是道，这引起许多人的震惊。说到底，这是希尔伯特的传统，希尔伯特总是能把别人的思想更直接、更简洁地表现出来并普及到广大的数学家当中去。在他们看来，数学是一个统一的整体，现在这种隔行如隔山的情况完全是人为造成的。

大战结束了，他又面临个人的不幸——海拉于 1948 年去世。她已经为外尔安排了一个相当讲究的家。他们在普林斯顿的家不仅是数学家聚会的所在，而且是著名作家、哲学家经常光临的一个高级文化中心。托马斯·曼也曾是他们的座上客。而最重要的是，海拉也分享着她对于哲学、艺术及文学的欣赏趣味，成了他离不开的精神伴侣。

1950 年，他从高等研究院退休，此后每年有半年在普林斯顿，半年在苏黎世。战后的欧洲满目疮痍，早已今非昔比，而瑞士这块世外桃源，却未经战火的洗礼。在美国生活了近 20 年，仍然怀念着过去的岁月，那种青春美好的时候再也一去不复返了。他又在苏黎世结婚。好景不长，刚刚过了 70 岁寿辰，一天他在苏黎世向邮局发一封信时，突然心脏病发作，于 1955 年 12 月 9 日与世长辞。欧洲人写了几篇纪念文章，美国人却一点儿表示也没有。1968 年施普林格出版社出版了他的四大卷文集，其中不包括他的十来本书。

最后，让我们回味一下他对数学的许多精辟论述吧：

数学是无穷的科学。

数学家发明了有限的构造方法来判定那些其本性涉及无穷的问题。这点正是数学的光荣所在。基尔凯郭尔有一次说过，宗教讨论的是那些无条件涉及人的问题。与其相反（也具有同样的夸张），我们可以说，数学所讨论的事物是完全不牵涉到人的。数学有着星光那种非人的特性，明亮、清晰但却冷漠。

从上世纪末到本世纪初的转折关头起，物理学的发展就好像冲向一个方向的洪流，而数学则好像尼罗河三角洲，它的水流分散到所有方向。

近代数学的威力在于公理方法和构造方法的相互作用。

除了语言和音乐，数学是人类心灵的自由创造力的最主要的表现，它是通过理论构造来认识世界的普遍工具，因此，数学应该是教育下一代的知识和能力的关键。

（作者：胡作玄）

范德瓦尔登

哥廷根代数学派的传人

范德瓦尔登

（B. L. van der Waerden，1903—1996）

翻开 20 世纪以来的图书资料，范德瓦尔登有过多种赞誉。有人称之为神童，因为他中学时就独自发现了三角函数，22 岁便摘得数论三颗明珠之一；有人称之为数学大师，因为他在众多数学领域都斩获丰富，且不说在抽象代数方面的优异成果，单就他对希尔伯特第 15 问题的贡献就能名垂史册；有人称之为科技史家，因为他以数学家和科学家深邃的洞察力，撰写历史的优秀篇章；有人称之为教育家，因为他培养的学生不计其数，其中不乏知名数学家；有人称之为著述家，因为他以最人文的角度撰写书籍，获得的成功无与伦比，影响了许多学科的发展，推动了许多国家的数学和科学进程。这样看来，对于上述任何称谓，范德瓦尔登都当之无愧。

一、生平简介

范德瓦尔登于 1903 年 2 月 2 日出生于荷兰首都阿姆斯特丹。他的父亲是一位数学教师，家里有数学书，但是他不希望小范德瓦尔登从小就学数学，而是坚持认为小孩子就应该到屋外玩。于是把这些书锁了起来。父亲的这种做法适得其反，反而激发了小范德瓦尔登的好奇心。比如中学时，当时还没有开设三角函数的课程，他便从余弦定理开始重新发现了三角函数，在数学上表现出了卓越的才能。于是父亲改变了初衷，开始帮助和引导他。范德瓦尔登非常喜欢一个叫“毕达哥拉斯”的数学游戏，大概就是一种几何拼图，由各种不同的几何形状拼出来三角形、长方形和正方形。而他的两个兄弟对此不太感兴趣。这样他总是一个人玩，有时父亲和他一起玩。母亲虽对数学不太感兴趣，但却是他的亲密朋友，常常和他一起出游，增长了他的见识。范德瓦尔登就在这样和谐的家庭氛围中渐渐成长起来。值得一提的是，在中学期间，范德瓦尔登还研究了格罗宁根大学的教授巴劳写的一篇关于解析几何的专题论文。他发现论文的第二部分有许多定理的证明不充分，于是给作者写了信。巴劳看到信后非常欣赏范德瓦尔登，认为如果他离开格罗宁根，应该让范德瓦尔登作为他的继任者。后来果真如此，当巴劳 1927 年准备转任乌德勒支大学教授时，他推荐了范德瓦尔登到格罗宁根大学接替了他的职位。

1919 年中学毕业后，范德瓦尔登进入阿姆斯特丹大学数学系，其中最著名的教授就是布劳威尔。这时范德瓦尔登的思想非常活跃，时常在课堂上提出一些问题。据说有一个让范德瓦尔登保持安静的故事就充分说明了这一点。故事说的是著名数学教授布劳威尔讲课时，总是对着黑板，从不面向学生。有一次范德瓦尔登在他上课时提出了一个问题，打断了他的讲课。然后，在下次上课之前，布劳威尔的助教找到他，提醒他说布劳威尔教授不希望上课时再有人提问打断他，希望他保持安静。当时阿姆斯特丹大学还有另外几位数学教授，范德瓦尔登认为他从曼那瑞教授那里学到了一点拓扑学的基础，从魏森博克那里学习了不变量理论，从弗瑞斯那里学习了一点代数几何基础。总体而言，他认为自己在阿姆斯特丹大学的学习期间对他的影响并不大。最后跟着弗瑞斯做了博士论文，题目是关于代数几何的基础问题，但论文实际上是他自己独立完成的。

1923 年，范德瓦尔登在父亲的资助下到哥廷根学习，在此有幸结识了杰出数学大家诺特、希尔伯特、柯朗等人，并在某种程度上成为诺特的弟子。他就是在诺特的指导下，使用诺特所发明的抽象代数工具，完成了代数几何基础定理的证明，最后完成了博士论文。在柯朗的帮助下，范德瓦尔登还获得了一笔洛克菲勒奖学金，利用这个奖学金他先跟随诺特在哥廷根学习了一个学期，然后又在汉堡跟随阿廷学习了一个学期。希尔伯特也经常邀请他到家里做客，但范德瓦尔登坦言他对希尔伯特唯有尊敬，但所学并不多。他在跟随这些数学家学习的同时，也与哥廷根的很多学生和青年教师过往甚密，包括汉斯·路易、库尔特·弗里德里希斯和赫尔穆特·克内泽尔等。

1924 年至 1925 年间，范德瓦尔登被征召入伍，在荷兰的海军陆战队服役了两年。他说自己基本就是在当兵期间完成了博士论文的最后写作。当他退役后，1926 年，他以代数几何基础方面的论文通过考试，最后以优异成绩获得阿姆斯特丹大学博士学位。

之后，如前所述，范德瓦尔登在巴劳的推荐下，于 1927 年前往荷兰格罗宁根大学任教。1929 年他获得了访问学者的机会重新回到哥廷根访学，继续跟从诺特和其他数学大师学习并合作研究。这一时期可以说是他一生中最忙的时期。后来范德瓦尔登回忆说哥廷根有当时难得一见的著名阅览室，不用像其他图书馆那样先查分类卡片再等待图书馆员帮忙找书，而是可以自己从书架子上直接取书。他发现自己常常在取书的地方刚刚发现了一本书，结果手边又出现了另一本也很有意思的书。读书的乐趣就是这样，一本接一本兴味盎然的书连续不断地涌现，让人目不暇接。他还在这里与生命中的另一半凯米拉相遇相识，她是奥地利数学家雷里奇的妹妹，当时在哥廷根的一家药店工作。两人一见钟情，两个月后就结婚了。对于这段情史，凯米拉后来回忆说：

> 我那时去哥廷根陪我哥哥，在一家药店工作。到了夏天，你来哥廷根做访问学者，我们就相遇了。这是七月的事，然后到了九月，我们就结婚了。我跟你回到格罗宁根没几天，诺特就打来了电话，我记得特别清楚，她说："蜜月结束了，返回你的工作吧！"

新婚燕尔、再无后顾之忧的新郎范德瓦尔登于是返回工作中，干劲十足，一口气就写完了《近世代数学》第Ⅰ卷，于1930年出版，成为抽象代数的经典教材之一。关于这本书，范德瓦尔登解释说："写这本书一开始是阿廷的主意，他想跟我合作写一本关于代数基础的教材。于是我就试写了一章寄给他，他表示不错，鼓励我继续写，我就一直把该我写的部分都写了出来，但一直不见应该由他写的部分。最后他说他太忙，放弃了写作，就由我一个人全部完成。大概就这个样子，但无论如何，他都是有贡献的，因为这本书本来就是以他和诺特的讲课为基础而写成的。”

第一本著作的成功给了范德瓦尔登很大的喜悦，他的新婚妻子更是在以后的生活中给了他很大的帮助和鼓舞，两人一辈子相亲相爱，共同养育了三个孩子。

范德瓦尔登在格罗宁根又待了两年，于 1931 年去往德国莱比锡大学任教。吸引他去莱比锡大学的原因，不是莱比锡的数学有多强，而是那儿有物理学家海森伯和洪德。海森伯与洪德在莱比锡举办了一个著名的讨论班，范德瓦尔登参加了这个讨论班，由此对当时的新物理学特别是量子力学有了比较透彻的理解。那个时候，外尔和冯·诺伊曼等人也在研究群论与量子力学的关系，外尔甚至已经写了一部《群论与量子力学》的专著，但他太追求数学上的严谨性，导致大部分物理学家很难看懂。而范德瓦尔登受他们的影响，也在研究群论在物理学中的新应用，于是就将群与量子力学的数学处理结合起来，写了一本群论如何在量子力学中应用的实用性专著，得到了物理学家的好评。

范德瓦尔登在莱比锡待到第二次世界大战爆发，他的很多学生都被征召入伍。当时能够一起工作的只有一位来自中国的留学生周炜良。范德瓦尔登与周炜良一起进行了若干研究工作，并指导周炜良的博士论文研究。此外，他对古希腊哲学和数学的历史也很感兴趣，在战争期间就开始了这方面的研究。这一方面可使他远离政治，另一方面也有助于他熬过战争的艰难岁月。虽然范德瓦尔登在战争期间留在纳粹统治下的德国，但他一直保留了自己的荷兰国籍，并对纳粹的很多政策持否定的态度，只不过不能公开表达而已。

1943 年年底，盟军对德国本土开始大规模空袭轰炸，范德瓦尔登家的房子被炸毁，他无家可归，于是移居到德累斯顿附近的一个小镇上躲避战火。就这样，直到 1945 年战争结束前，他们全家辗转在德国、奥地利的一些乡下小镇生活，经常流离失所，生活非常困顿，有相当长的一段时间既做不成研究工作也教不了书，但终于熬过了战争岁月。

1945 年 7 月，美国占领军要求“人人都要回到他们原来的国家去”，这样范德瓦尔登才算回到了自己的祖国荷兰。没有钱，没有工作，生活仍然很艰难。所幸的是父亲留下的房子还能居住，不至于流落街头了。当时战争刚刚结束，到处满目疮痍，找工作的难度令人无法想象。实际上在纳粹统治时期，荷兰的乌德勒支大学曾写信邀请他去，甚至应允他做当地的教育部部长。但是他不愿意在纳粹的统治下工作，于是就回信说：“现在不行，但战后我会去的。”现在战争真正结束了，范德瓦尔登也回来了，但没有职位了。有荷兰的朋友推荐他重新担任大学教职，任职文件递到政府，但荷兰女王不肯签署，原因是他在整个纳粹统治时期都在德国，有纳粹分子的嫌疑。后来，又有一个朋友帮助他在壳牌石油公司找到一个工作，研究石油生产中的优化问题。

范德瓦尔登在公司里待了大约有一年时间。1948 年应邀去美国霍普金斯大学访问。之后他回到阿姆斯特丹，在朋友的帮助下回到阿姆斯特丹大学任数学教授。两年之后，他接到苏黎世大学的邀请。

从1951年一直到1972年，范德瓦尔登长期担任瑞士苏黎世大学教授，把自己的余生都奉献给了这所大学。中间虽然接到过慕尼黑大学和其他学校的邀请，但考虑到孩子们多年所经历的动荡不安，应该给他们提供一个长期稳定的生活了。所以他回绝了所有的邀请，安心在苏黎世工作和生活。他在苏黎世大学工作期间，为该校的数学学科建设做出了重要贡献。这一方面表现在他以广博的研究兴趣开拓了新的学术研究领域，进而推动了苏黎世大学的研究工作；另一方面他也努力培养人才，前后为该大学指导了40多名博士生，建立起一支强有力的研究团队。他在这里的学生几乎都是研究二次型理论。学生的论文都由范德瓦尔登发表，并与他的工作合起来，取名《二次型理论研究》。范德瓦尔登还曾任该校数学研究所科学史室主任，另外在他70岁生日时，苏黎世州的教育秘书为他创建了一所带图书馆的数学史研究所，他把自己所有的与数学相关的图书都捐给了研究所。不幸的是，他的继任者及其他人对研究所漠不关心，在他身后撤销了这个研究所。

范德瓦尔登一生获得过多种荣誉，是阿姆斯特丹科学院、美国阿森斯科学院、德国哥廷根科学院和慕尼黑科学院院士。范德瓦尔登退休后还度过了20多年的晚年生活，最终于1996年1月12日辞世，享年93岁。

二、哥廷根的传人，主要学术贡献

范德瓦尔登的成功离不开他的天分，离不开他的家庭，更离不开他的努力和向前辈大师们虚心的学习，尤其是得到了哥廷根学派女数学家诺特的真传，使他在抽象代数学和代数几何学等领域绽放异彩。除此之外，他还涉猎了极为广泛的领域，对数论、数理统计、优化问题、组合论、分析、概率论、拓扑学、物理学，以及古埃及、古巴比伦和古希腊的数学、数学史、科学史以及印度天文学史有很深的造诣。著有《科学的觉醒》(1950，原文为荷兰文 *Ontwakende wetenschap*，英译本 *Science awakening*，1954)、《生气勃勃的科学》(1959)、《数理统计学》(德文，*Mathematische Statistik*，1957)、《量子力学中的群论方法》(1932 年，原文为德文，英译本 *Group Theory and Quantum Mechanics*，1974）和《代数学史》(英文，*A History of Algebra*，1985）等，均颇有影响。下面我们分几个方面重点阐述他的成就。

1. 代数学

范德瓦尔登的代数学工作对后世影响最为深远。他在哥廷根游学期间，诺特对他的代数学思想有着关键性的影响。哥廷根大学是于 18 世纪 30 年代建立的一所历史悠久的学校，“教学自由和科研自由”是建校之初就定下的办校方针。大学一开始就有神、法、医、哲四个学院，这样神学院第一次丧失了到那时为止它通常享有的优先权，因而哥廷根大学可以看作第一所具有广泛科研自由和教学自由的、启蒙主义的现代大学。

高斯所领导的天文台成为大学的第一个自然科学研究机构，他在数学神殿赢得的声誉为哥廷根留下了伟大的科学传统。1855 年高斯去世，狄利克雷接替他出任哥廷根大学数学教授，他和黎曼一起奏响了哥廷根数学研究的新乐章。其继任者克莱因对哥廷根大学的数学教育体制进行大刀阔斧的改革，招揽人才。特别是希尔伯特到达哥廷根之后，全力以赴地帮助克莱因实现打造世界一流数学中心的目标，以克莱因、希尔伯特为首的哥廷根学派正式形成，培养了一大批享誉世界的数学家，使哥廷根成为 19 世纪末 20 世纪初世界数学的中心。然而 1933 年法西斯政权建立之后，这个数学与科学王国毁于一旦。哥廷根数学学派的光环一去不复返，德国的数学从此一蹶不振。

1903 年至 1904 年冬，诺特到达哥廷根大学，听了闵可夫斯基、克莱因、希尔伯特等人的课程，之后返回埃尔朗根大学，在不变量之父戈尔丹的指导下学习。1915 年应希尔伯特的邀请到哥廷根讲代数不变量，目的是解决希尔伯特和克莱因正在思考的用数学整理相对论的问题，进行了成功的合作。那个时期整个代数学的任务是将整个庞大的古典代数学阵营建立在一个明了清晰的基础之上，进行更深层次的概括。从埃尔朗根学到的算术化、形式化功底，结合哥廷根学派的公理化能力，使诺特驾驭了这一伟大事业。她用自己独创的思想、概念、公理，来思考同构、同态、模、剩余类、理想等问题。她的关于抽象代数的文章是从理想理论开始的，她的经典论文《环中的理想论》（1921）标志着代数现代化的开端。当时，哥廷根是抽象代数的中心，吸引了世界各地的学者。诺特周围会聚了大批学生，其中有阿廷、布饶尔、哈塞、来自美国的麦克莱恩，还有中国学者曾炯之和日本学者正田建次郎等，形成了哥廷根抽象代数学派。她的思想也正是靠这些年轻人发展和传播，其中范德瓦尔登是最突出的。范德瓦尔登 1923 年来到哥廷根大学，成了诺特的学生。他很快掌握了诺特的思想，并加以精辟透彻的揭示，在哥廷根出色地讲授了一般理想论的课程。诺特关于理想的讲座非常新颖，但是，她在表述自己的思想方面并不擅长。这样她的思想与方法，后来主要由范德瓦尔登概括与总结，写成专著。

范德瓦尔登离开哥廷根之后，访问了汉堡大学。当时阿廷正好在汉堡大学举办近世代数讲座，讲座精彩，而且阿廷洞察力强。不久，阿廷和范德瓦尔登二人拟就了一个计划，打算合编一本代数教科书。由于阿廷没有按计划行事，所以范德瓦尔登独自撰写了两卷本《近世代数学》，并分别于 1930 年和 1931 年出版。他注明利用了诺特和阿廷的讲稿。

范德瓦尔登的《近世代数学》一书的主要目的和内容是定义各种代数数域并阐述其结构。他用两种方式定义代数数域：（1）通过在非空集合上添加一两种抽象运算（如群、环、超复数系统等）；（2）取定现有的一种代数数域，通过具体步骤（给定环的多项式环、域的扩张等）构造一种新域。《近世代数学》确定了代数结构化思想，是代数结构化思想巩固的标志。代数思想的发展经历了由戴德金到希尔伯特，再到诺特，最后到范德瓦尔登这样一个过程。

这部书综合了当时近世代数学的各方面工作，语言优美而流畅，不仅改变了德国的研究生教学，在欧洲其他地方和美国也是如此。他把诺特的概念化和结构化的见解表达得非常简洁，同时也融入了阿廷讲演中所具有的优雅和诠释。这部书概念层次清晰，结构化思想明确，风格简单而严谨，为其他数学分支的课本，如巴拿赫空间、拓扑群论树立了典范。

这部书自出版后，在当时众多的代数学书籍中脱颖而出，对于近世代数学的传播和发展起了巨大的推动作用。到 1959 年至 1960 年，第Ⅰ、Ⅱ卷已分别出到第五版和第四版。我们知道，近世代数学是不断向前发展的。20 世纪 30 年代当时所谓近世代数学的一些基本内容已经逐渐成为每个近代数学工作者必备的理论知识，所以这部书由 20 世纪 50 年代第四版起就去掉“近世”两字而改名为“代数学”，同时做了较大的增补和改写，但仍保持着原来的基本内容和风格，成为代数学的正统。范德瓦尔登本人曾在第四版的前言中这样讲道：

> 最近意外去世的代数学家与数论专家布兰特在德国数学会的协会年报 55 卷中对本书第三版写了如下的评论：“关于书名，如果在第四版能够改为更简单、但更确切的书名‘代数学’，我将感到很高兴。像这样一部过去、现在和将来都是最好的数学书，书名不应该引起人们如此的疑惑，似乎它是追随一种时髦的式样，它在昨天还不被人们知道，可是明天可能将被忘掉。”根据这个意思，我把书名改成了“代数学”。

现在这部书已被公认为现代抽象代数的一个里程碑，是现代结构代数的经典著作。它最初以德文形式出版，历经几版并被译成多种语言，得到全世界许多大学的广泛使用。在此影响之下成长起一大批优秀的数学家和数学家集体。我们将在第三部分对范德瓦尔登及其《近世代数学》的影响做一详细介绍。

2. 代数几何

代数几何是范德瓦尔登早年最感兴趣的一个领域。他在荷兰阿姆斯特丹大学上学期间，就研究过代数几何。当时韦瑞斯饶有兴趣地讲授数的几何（舒伯特的计数几何）课，范德瓦尔登在学习过程中，发现这门几何学的基础理论很糟。例如，数的守恒原理说几何问题当相关参数变化时解的个数不变。实际上假设一个从一般到特殊的情况，其中的参数必然发生变化。一般情况下可能有多个解，特殊情况下只有一个解（解的个数须按其重数计算）。这是舒伯特的计数几何中缺少的内容。舒伯特没有给出重数的定义、求法，而且当时在代数几何方面取得很大成就的意大利几何学家们也忽略了其理论基础。范德瓦尔登开始考虑这种基础。

后来，他听到哥廷根大学的诺特利用理想给出了重数准确定义的消息后，便去哥廷根听诺特关于理想的讲座。这些讲座启发性强，但是诺特不善表达，令常人难以理解，不过范德瓦尔登很快就完全领会了。这对他的一生有关键性的作用。在哥廷根，他证明了数的守恒原理，给出了重数的一种定义和一种计算方法。在服兵役期间写出了博士论文。他在论文引言中写道：

> 代数几何的这一逐渐被称为计数几何的分支，此前一直建立在一个不太稳固的基础之上。舒伯特的数的守恒原理，作为计数几何的大部分基础，既没有严谨地出现在舒伯特的体系中，也没有严谨地出现在后来的定义中。它们

或者是有缺陷或者是不充分。

然后给出了计数几何的一个精确的基础。范德瓦尔登本来想把它作为博士论文，但是太长了。当时还有一条规定，论文只能用荷兰文或拉丁文来写。他分作几篇文章在《数学年刊》上予以发表。同时把这些文章中的主要结果写进博士论文，没有详尽的证明。他的论文指导老师是韦瑞斯，但是由于其间范德瓦尔登正在服兵役，没有时间去阿姆斯特丹与人讨论，所以实际上论文是他独立完成的。1926 年 3 月 24 日范德瓦尔登在阿姆斯特丹大学进行了论文答辩。

范德瓦尔登几乎一生都在思考代数几何问题。他于 20 世纪三四十年代在《数学年刊》上发表了许多文章，最后一篇是 1971 年发表的。1939 年还出版了著作《代数几何引论》。在这部著作中他系统、精确地建立了用途很广的相交重数的概念，这是对代数几何进行改革的开始，即用抽象理想论奠定了代数几何的新基础。希尔伯特在 1900 年提出了 23 个著名问题，其中的第 15 个问题就是：建立舒伯特计数演算的严格基础。一个典型的问题为：如果在三维空间中有四条直线，那么有几条直线能与这四条直线都相交？舒伯特给出了这个问题的一个直观解法，而希尔伯特希望把问题一般化，并且给出严格基础。范德瓦尔登指出计数几何的核心问题是给出“重数”的定义，而且这个定义必须要有可操作性。借助于重数的概念，就能够确定，一个代数几何问题究竟有多少个解，并且对于这个问题的任何一组特殊数据，遵循解的个数守恒原理。范德瓦尔登首次把舒伯特计数演算归结为流形的同调理论，这一理论是莱夫谢茨在 1927 年刚刚建立的。范德瓦尔登在此基础上，对数的守恒原理给出了严格证明，为此后用同调论的方法研究希尔伯特第 15 问题奠定了良好的基础。代数几何的严格基础已由范德瓦尔登在 1938 年至 1940 年和韦伊在 1950 年建立，但舒伯特演算的合理性尚待解决。

1983 年，施普林格出版社出版了范德瓦尔登的《代数几何论文选集》，德国数学家希策布鲁克为选集做了序言。通过上面的论述，可以看出范德瓦尔登在代数几何领域做出了突出贡献。

3. 拓扑学

范德瓦尔登是在阿姆斯特丹大学读书期间，开始接触拓扑学的。他的一位老师曼那瑞首先把拓扑学引入荷兰。他是一位共产党人，也是一位开拓型的数学家，和范德瓦尔登的父亲是好朋友。范德瓦尔登就是从曼那瑞那里开始学习和研究拓扑学的。而使范德瓦尔登真正学习到拓扑学的人，则是哥廷根大学的无薪教师克内泽尔。布劳威尔曾经给克内泽尔写过一封推荐信，推荐范德瓦尔登到哥廷根求学。这样范德瓦尔登到哥廷根后，一直与克内泽尔保持来往。他们常在一起吃午饭，有时饭后还要一起在哥廷根的树林里散步。范德瓦尔登学到不少拓扑学知识。克内泽尔常做些读后评论，而范德瓦尔登未能完全理解。散步之后，他就去哥廷根图书馆查阅相关内容。第二天再去问克内泽尔他的解释对不对。这样，他真正学习到了拓扑学，也进行了一些研究工作。

4. 物理学、群论、数论等方面

范德瓦尔登是数学和科学的多面手。他对物理学、群论、数论、优化问题、数理统计等方面都有深入思考，一生中讲授过各种各样的数学课。范德瓦尔登最初接触物理学是在大学期间。他对物理学的兴趣始于在德国莱比锡期间，当时物理学家海森伯和洪德一起主持一个讨论班，范德瓦尔登也参加了，从而学到了物理学。在此基础上，他写了一本关于群论和量子力学的书，即《量子力学中的群论方法》。这本书最初于 1932 年以德文出版，主要内容是介绍群论及其表示的基本概念以及在量子力学上的应用。读者对象是熟悉量子力学的物理学家，所以数学上并不进行烦琐的证明，力求简明扼要，颇受物理学家们的欢迎，很快销售一空。与此前外尔所写的《群论与量子力学》形成鲜明对比，外尔写得太难，很少人能够读懂。另外，实践证明范德瓦尔登的书对于学习量子力学的数学家也是有用的。不过，范德瓦尔登认为这本书对于数学家来说，物理部分太难，而对于物理学家来说，数学有时又显得困难了。再加上德语对于许多读者来说也有一定困难。所以为了使这本书更具有可读性、用处更大，范德瓦尔登用英文重写了整本书，有些地方根据数学和物理的发展做了相应改动，1974 年出版，直到现在还能买到。这就是范德瓦尔登与大多数科学家的不同，他不但创造新思想，而且竭力地推广这些新思想，为后人服务的这种态度非常令人钦佩。

范德瓦尔登对典型群中心问题之一的自同构问题进行研究。他和施雷尔在 1928 年解决了域 K 上 PSL（2，K）的自同构问题。另外，1927 年，年仅 22 岁的范德瓦尔登，以几个星期的奋战就得到了“关于算术级数的范德瓦尔登定理”——这个绝妙的结果后来被苏联数学家辛钦誉为数论三颗明珠之一。范德瓦尔登还研究了伯恩

赛德群 $B(3, r)$。这些是伯恩赛德问题的解决方案。伯恩赛德证明了这样的群是有限的。1933 年，范德瓦尔登发现了 $B(3, r)$ 的准确的阶和结构，证明了 $B(3, r)$ 的阶数是 $3^{N(r)}$，其中指数 $N(r)=r+r(r-1)/2+r(r-1)(r-2)/6$。以范德瓦尔登命名的专业术语很多。比如上面的范德瓦尔登定理，还有范德瓦尔登猜想、范德瓦尔登检验法和周－范德瓦尔登形式等。

5. 科技史

范德瓦尔登不仅在纯数学和科学领域有超人的智慧，而且还是一位出色的科技史家，尤其是在数学史和天文学史方面。

范德瓦尔登晚年时谈到自己一直是一个历史癖，而且晚年他最感兴趣的领域就是科技史。大学期间，他听过韦瑞斯的数学史课。此后，读了一些关于欧几里得和阿基米德的著作，所以他对数学史的兴趣开始得很早。在哥廷根游学期间，他还听了诺依格包尔的关于希腊数学的课。当时，诺依格包尔主要研究埃及数学，并开设了相应课程，他的论文非常鼓舞人。后来在哥本哈根，范德瓦尔登走访了他。诺依格包尔又谈起了巴比伦天文学，使范德瓦尔登很感兴趣。在莱比锡的时候，有一位哲学家伽达玛在柏拉图哲学上做了很多工作，范德瓦尔登听了他的一些课，一定程度上引起了他对希腊数学的兴趣。

范德瓦尔登第一本数学史著作是《科学的觉醒》，1950 年以荷兰文出版。之后这本书的几位很好的评审人建议将它译成德文。这样范德瓦尔登的大女儿忠实于原著、流畅地翻译成了德文，1956 年出版，扩充后的第二版 1966 年出版。这本书非常畅销，而且常被人引用，已被译成日语、英语和俄语等多种语言。

1985 年，范德瓦尔登又用英文出版了数学史专著《代数学史》，主要阐述从花拉子米到诺特这一段历史。主要包括三部分内容：代数方程论、群论和代数学。这本书影响也很大。

范德瓦尔登还写过一些关于天文学史的论文。他与一些数学史家和天文学史家关系也非常好。

三、继大师绝学，开数学新篇

据统计，范德瓦尔登所开拓的学术谱系人数到 21 世纪时，已达到上千人之多。科学的历史就是这样，开创者筚路蓝缕，后继者代代相传。受范德瓦尔登直接影响和潜移默化的后辈数学家很多，下面给出几个典型事例。

1. 中国

代数学家曾炯之是诺特的学生，受到诺特深刻的影响，回国后进行了代数学方面的一些工作。遗憾的是去世较早，而我国代数工作者实际上主要是通过学习范德瓦尔登的《近世代数学》开始研究工作的。

《近世代数学》的第二版曾经由武汉大学的萧君绛教授翻译出版，但流传不广，文字也比较艰涩。华罗庚于 1938 年至 1939 年在昆明西南联合大学讲授近世代数课程时，曾经以这部书的第 Ⅰ 卷为参考编写讲义，进行了比较大的变动。1961 年 9 月我们国内代数工作者在北京颐和园举行座谈会时，都认为有必要迅速出版这部书的全新译本。因为这部书是在整理诺特和阿廷的讲稿的基础上写成的，它的出版标志着抽象代数学的建立，对提高数学家的学识修养有很大意义，而且在某种程度上确定了后来代数研究的特点和方向。1955 年这部书重版时改名为《代数学》，范德瓦尔登又做了修改和补充，更加能够反映代数学的现状。书中运用现代代数结构严格论证了代数几何的基本概念，至今仍不失为一部优秀的教科书。这样经过一年的时间，由曹锡华、万哲先、丁石孙、曾肯成、郝炳新等集体合作译出第Ⅰ、Ⅱ卷。专家们认为这部书今后应该能对代数学的教学及科学研究起较大的推动作用，更希望国内代数学工作者在教学和科学研究中有自己撰写的书出版。这样，这部书最终在 1963 年 7 月出版了第Ⅰ卷中译本，1976 年 11 月出版了第Ⅱ卷中译本，均由科学出版社出版。此后，我国更多的代数研究者通过此书学习和研究代数学，后来的很多代数教材以它为参考进行编写。这部书即使在今天作为抽象代数的导言课丝毫也不过时，促进了我国代数学的发展，在我国代数学史上有浓浓的一笔。

美籍华人数学家周炜良为清末民初数学家周达之子，家庭富有，年少时通过自学获取各方面知识。后来他于 1929 年辗转到了芝加哥大学，主修经济学。1932 年受别人的指点去哥廷根研究数学，但是半年后哥廷根衰落。周炜良在芝加哥时曾读过范德瓦尔登的《近世代数学》，十分欣赏，于是转到德国莱比锡大学，当时范德瓦尔登刚开始写名为“代数几何”的系列论文，结果周炜良就走上了代数几何的研究当中。范德瓦尔登还建议他读一些老书。周炜良当时感到范德瓦尔登有一种不同寻常的才能，就是能用相当简单的语言解释哪怕是最复杂的数学理论，使他觉得只要愿意学习，即使对某些数学学科一无所知也没有关系，使他一生中第一次认识到选择数学是正确的。1936 年，他在范德瓦尔登的指导下获得博士学位。1937 年，他的第一篇发表在德国《数学年刊》上的文章便是和范德瓦尔登合作完成的，其中有以二人命名的周－范德瓦尔登形式，这也是周炜良最有影响的工作。第二篇是他的博士论文。他是范德瓦尔登的最为出色的学生，有些数学家首先是通过范德瓦尔登认识周炜良的。范德瓦尔登对他一直很好。1948 年，范德瓦尔登访问霍普金斯大学，周炜良听说后去看他，恰好该校有一个教职的空缺，范德瓦尔登推荐了周炜良，此后周炜良一直担任到 1977 年退休为止。

2. 日本

以诺特、阿廷和范德瓦尔登为代表的德国代数学派对日本代数学派的影响非常重要。日本的正田建次郎、末纲恕一、秋月康夫、中山正、东屋五郎、前野启三、永田雅宜等一大批有国际声誉的数学家都直接继承了诺特的传统，推动了抽象代数学的发展，尤其是抽象代数学在日本的发展。正田建次郎在 20 世纪 20 年代到哥廷根师从诺特，他所撰写的日文《抽象代数学》，是继范德瓦尔登之后第一本抽象代数的书。1954 年第三届菲尔兹奖和 1984 年沃尔夫奖得主、日本数学家小平邦彦在日本第一高等学校读书期间，就热衷于学习数学和物理。他读了范德瓦尔登的《近世代数学》、正田建次郎的《抽象代数学》、道凌的《代数学》及范德瓦尔登的《量子力学中的群论方法》、冯·诺伊曼的《量子力学的数学基础》和外尔的《群论与量子力学》等优秀书籍，受到这些新思想的熏陶和启发，对几门新兴的数学领域和物理领域都打下了坚实基础。可以说，诺特的代数学派，当然包括它的最优秀的继承人范德瓦尔登对日本数学的影响毋庸置疑，并将永载史册。

3. 美国

美国数学家G. 伯克霍夫是美国著名数学家G. D. 伯克霍夫的儿子，出生于普林斯顿，1932年毕业于哈佛大学，1932年至1933年在英国剑桥大学读研究生。他以有广泛的科学兴趣而著称。1932年夏天，G. 伯克霍夫在慕尼黑独自研究群论，他打电话给慕尼黑的数学家卡拉西奥多里并拜访了他。卡拉西奥多里对G. 伯克霍夫说：

> 你如果对群论有兴趣，你必须读斯贝塞的书。你如果想知道更多的代数，读范德瓦尔登。

这样，他听从了卡拉西奥多里的忠告，开始研读范德瓦尔登的《近世代数学》。他认为范德瓦尔登的书使近世代数看来像一个刚开辟的正在开花的园地，支配了其后七八年的工作，尤其是格论的研究，使得他在1938年正式创立了格论。经过许多数学家的努力，格论现已形成数学的一个重要分支，它的概念和思想方法已渗透于数学的其他领域，如代数拓扑学和不分明拓扑学等。

4. 法国布尔巴基学派

我们都知道法国的布尔巴基学派曾一度风靡数学界，而我们却很少知道布尔巴基学派的结构主义思想主要是在《近世代数学》的影响之下形成的。同时《近世代数学》也促使布尔巴基学派抛开法国数学传统而去借鉴德国方法。

布尔巴基对《近世代数学》有这样一段评价：

> 范德瓦尔登的书于1930年出版，第一次全面阐述了诺特、阿廷等人的工作，因此为抽象代数学的发展开拓了一条崭新的道路并对后来此领域的研究工作具有指导意义。

本文作者认为布尔巴基学派的工作相当于范德瓦尔登的代数结构观念在整个数学上的推广。布尔巴基学派正是受抽象代数思想的启示提出了一般的数学结构观点，《近世代数学》是他们工作的第一个范本。除了代数结构，布尔巴基还明确了另外两类结构，即拓扑结构和序结构，并将它们与代数结构合称为母结构。以这三类结构为基础，通过它们的交叉、结合而产生出各种层次的结构。他们认为数学就是数学结构的仓库。布尔巴基学派的经典著作《数学原本》代数部分中的关于后来线性代数发展的描述受范德瓦尔登的《近世代数学》的影响最深。

布尔巴基学派的第一批成员之一的丢多涅在他的文章《布尔巴基的事业》中有这样一段话，也可以作为本文的一个总结：

> 的确当时已经有许多卓越的论著，而且实际上，布尔巴基学派的著作在一开始以范德瓦尔登的代数学著作为典范。我无意贬低他的优点，但是如你们所知，他自己在序言中说，这本书实际上有许多作者，其中包括诺特和阿廷，因此，他多少有点早期布尔巴基的味道。这部著作影响很

大。我记得它，我当时正在写我的博士论文，那时是 1930 年，我正在柏林。我还记得范德瓦尔登这本书刚出版发卖的那天。那时我对代数无知到那种程度，以至于要是现在我就进不了大学。我急忙跑向这些书，看到这个在我面前打开的新世界我简直惊呆了。当时我的代数知识不超过预科数学、行列式以及一点方程的可解性和单行曲线。我那时已经从高等师范学校毕业，却不知道什么是理想，而且才刚刚知道什么是群！这就会使你对一个年轻的法国数学家在 1930 年知道些什么有一点概念。因此，我们试图仿照范德瓦尔登，但事实上他只讨论代数而且即使在当时也只是代数中的一部分。从那时起，代数学已经取得相当大的发展，这一部分要归因于范德瓦尔登的这部书，它现在仍然是一本极好的导论。不少人征求我的意见，问如何开始研究代数，我对其中大多数人讲：尽管从那时起已经有了许多新发展，还是要先读范德瓦尔登的书。因此，我们企图干些类似的事。范德瓦尔登用的是非常精确的语言，对于思想的发展有着极为紧凑的组织，并且把这部书的不同部分组织成为一个整体。对于我们来说，这似乎是写书的最好方法，因而我们必须对许多以前从来没有仔细讨论过的材料加以讨论。

关于从范德瓦尔登的代数结构思想到布尔巴基学派的数学结构思想的发展过程，值得数学史学者做出进一步研究。

（作者：邓明立　王淑红）

阿廷

布尔巴基学派的先驱

爱米尔·阿廷

（Emil Artin，1898—1962）

爱米尔·阿廷于 1962 年 12 月 20 日因心脏病突然去世。其后两位布尔巴基的成员亨利·嘉当和克劳德·谢瓦莱发表了纪念文章。嘉当称他为天才的数学家和艺术家，是一位完美的人。

这并非溢美之词。大家公认阿廷是近世抽象代数的奠基者之一。他在纯粹代数方面的著作并不多，主要论文都牵涉到代数数论、拓扑学及函数论等方面，但有一点毋庸置疑，即他的全部著作的共同特点是显示出了一位代数学家的思想特征。

阿廷同爱米·诺特一样，文章不多而且大都很短，但是却有着极大的影响，尤其是对布尔巴基学派。他应该说是布尔巴基学派的先驱。在 1930 年到 1935 年，他作为一个代数学家的思想方法和表述方式成了年轻一代的楷模。嘉当甚至说，阿廷也许不自觉地促成了布尔巴基学派的出现。而厄布朗、谢瓦莱和韦伊更是直接受到了他的影响。布尔巴基的著作也多多少少追随阿廷的思想方式与漂亮的表述方法，因为布尔巴基的成员对于阿廷的文章就像对于经典著作一样一点也不陌生。尤其使布尔巴基的成员感到骄傲的是，阿廷为布尔巴基的代数卷的第一至三册写了一个详尽的述评，其中不乏对布尔巴基的思想的深刻理解与赞誉之词，从这里可以看出布尔巴基与阿廷的血缘关系。

阿廷是一个对人生、艺术和科学都有着广泛兴趣的人。他对音乐的热爱同他对数学的热爱一样深沉，在音乐史方面有着令人吃惊的深邃知识。1955 年去日本开会时，他表现出对佛教很感兴趣，而且这不是一般的西方人对东方文化浅薄的好奇心。为了回答他的问题，接待他的日本同行要去请教佛学专家。实际上早在 30 多年前，阿廷就已经广泛阅读有关佛教的书了。不仅是他，布尔巴基的第一代成员在文化各方面的兴趣都不亚于他们的数学，嘉当弹得一手好钢琴正如阿廷吹得一口好黑管一样，韦伊对日本工艺品也正如阿廷对佛教建筑一样着迷。

一、早年经历

阿廷 1898 年 3 月 3 日生于维也纳。他的艺术气质来自他的父母，父亲为画商，母亲是芭蕾舞演员。他的祖上是亚美尼亚人，亚美尼亚现在是高加索的一个独立国家，但长期隶属于俄罗斯帝国及苏联。亚美尼亚人也部分分散在世界各地，20 世纪初在土耳其的亚美尼亚人曾遭到土耳其的驱赶及屠杀，他的祖上就居住在土耳其的阿尔明尼亚，姓阿廷尼安，幸好，阿廷的父亲移居维也纳免遭此难，这时才改姓阿廷。纳粹上台后，确认亚美尼亚人为雅利安人种，不属于排斥之列。阿廷在当时属于奥匈帝国而现在属于捷克的莱辛伯格（现为捷克的利伯里奇）长大。

在阿廷出生的时候，奥地利可是一个超级大国。当时的欧洲超级大国有五个：英国、法国、德国、俄国及奥匈帝国。阿廷少年时代经历了奥地利从盛到衰的巨变过程，这个过程是由奥地利发动的第一次世界大战引起的。第一次世界大战对各国都产生了巨大的影响，有划时代历史意义的当然是俄国的十月革命，然而英、法、德、俄四国尽管领土和人口有所变动，它们至今仍然是有着世界影响的大国。只有奥地利，1918 年以后，就再也不是一个大国，更不用说超级大国了。领土及人口都缩小到原来的十分之一左右，一个中欧的内陆国家想发展也没有空间了。阿廷的童年、少年乃至青年时代就见证了这样一个衰落的过程。

一个超级大国不能没有自己的科学、技术和文化，英、法、德、俄四国都有，而奥地利则不行，特别是在科学方面。正是在奥地利的衰落过程中，奥地利的精神文化却飞速发展起来，而且在两次大战之间达到顶峰。也许这是一个注定不能成为政治与经济大国的国家却可以成为文化大国的发展道路。这在数学方面尤其如此。奥匈帝国似乎没有特别杰出的数学家，尤其是同它的邻国德意志帝国比较，但是，到了两次世界大战之间，像阿廷这样世界一流的大数学家就脱颖而出，不过，他们的活动区域首先是德国，其次是美国，奥地利作为学术舞台毕竟是太小了。但是，周边的日耳曼文化传统不可小视，在这种环境之中，毕竟可以培养出伟大人物来。就是在奥匈帝国的腐朽没落的官僚体制下，依然出现了有不朽国际名声的科学大师，我们毫不费力就可以举出四个人来：孟德尔——遗传学之父；马赫——伟大的科学家兼科学哲学家；玻尔兹曼——统计物理学的奠基者之一；弗洛伊德——精神分析之父，尽管许多人认为精神分析不是科学。不管怎么说，他们都是有重大影响的大思想家。在他们之后，哥德尔、维特根斯坦及维也纳学派也产生了巨大影响。而在原奥匈帝国范围内出现的数学家，则是 20 世纪数学舞台上一支十分活跃的力量。

阿廷出生后不久父亲去世，母亲再嫁，他随母亲和继父到莱辛伯格，因为继父在那里经营纺织工厂。他的童年生活不能说不舒适，但是却很孤独。10 岁上中学后他并没有表现出对数学有什么兴趣和才能。只是中间在法国度过的一年，是他少年时代最快乐的时光。中学时代他对化学非常喜爱。据他自己讲，他对数学产生兴趣是 16 岁以后的事。

他们那一代人经历过两次大战祸，即第一次世界大战和第二次世界大战。第一次世界大战是奥匈帝国挑起的，在 1914 年 8 月打响。阿廷在第一次世界大战期间的 1916 年中学毕业，进入维也纳大学学习。当时奥匈帝国的数学比起邻邦德国要差得远，只有几何学家温廷格和数论专家费特文格勒是有国际声誉的大家。尤其是后者，他是希尔伯特与高木贞治之间对类域论做出突出贡献的人物，也许是这点影响了阿廷早期的研究方向。但他只上了一学期课，就应征入伍，在步兵营一直服役到 1918 年 11 月战争结束。幸运的是，他没有上前线，只是当法语的翻译。

第一次世界大战之后，1919 年 1 月他进入德国莱比锡大学继续学习。这里的教授是赫格洛兹，阿廷对他一直十分崇敬，把他看作唯一的老师。赫格洛兹不仅在数学方面博学多才，而且擅长讲课，可以说把数学艺术化，这对阿廷有重大影响。两年后的 1921 年，阿廷写出了博士论文，这篇接近 100 页的文章是他唯一的一篇长文章，占他全集六分之一的篇幅。接着，他在当时数学圣地哥廷根大学待了一年。哥廷根是高斯、狄利克雷、黎曼、克莱因、希尔伯特、闵可夫斯基及许多伟大数学家生活过、工作过的地方，他在那里结识了爱米·诺特、西格尔、哈塞及其他人，他们共同度过了富有创造性的 20 年代。哥廷根大学虽然是世界数学中心，但是，年轻人很难在这里谋求到永久的职位。“抽象代数学之母”爱米·诺特只是到 1922 年之后才成为非在编的副教授，1926 年才来到哥廷根的天才冯·诺伊曼也选择尽早离开，而阿廷早在 1922 年就到了建校不久的汉堡大学。因为第一次世界大战之后，哥廷根大学的四大教授席位已经完全占满，再有天才，还是没有职位。第一个教授席位被希尔伯特占有，他要到 1930 年才退休。第二个教授席位原来是克莱因的，他在 1913 年退休后，数论专家海克就任一年后就去了新成立的汉堡大学，1920 年由副教授柯朗接任，如果没有特殊情况出现，他也会像希尔伯特那样待上 30 多年。第三个教授席位是希尔伯特专为闵可夫斯基谋得的，遗憾的是，闵可夫斯基英年早逝，席位由数论专家兰道接任，他本来也可以待上多年，谁也不会想到，1933 年 1 月希特勒上台，犹太教授及副教授一个接一个被解职，先是爱米·诺特，然后是柯朗及兰道，当然此是后话。第四个教授席位是应用数学的，由龙格就任，龙格于 1924 年退休后，就由阿廷的老师赫格洛兹接任，他一直干到 1948 年退休。阿廷离开哥廷根之后，仍然经常回来，特别是 1932 年去哥廷根开会，他和诺特及她的“孩子们”合影留念，其中还包括中国数学家曾炯之。没想到，一年之后，他们就不得不各奔东西了。

二、汉堡大学

从 19 世纪到 20 世纪上半叶，一位数学家可能从事的最好职业莫过于在大学当教授了。在当时德国有二三十所大学有数学系，不过当上教授并不简单，需要通过一道道关卡。首先要大学毕业后做一篇博士论文，通过答辩后，被授予博士学位。单有博士头衔还不能教课，他必须获得授课资格，为此他要写授课资格论文并进行授课资格演讲，通过后就可以在大学做无薪讲师，也称为无公薪讲师，因为讲课是直接从听课学生那里收取费用，没有薪酬。一般来讲，这段时间不长，只要有大学固定职位出现空缺，这些讲师的机会就来了。有才能的数学家往往获得副教授的职位，而当他们的业绩不凡时，可以或快或慢晋升为正教授，这也是一位科学家学术生涯的顶点。德国的教授与副教授是国家公务员，一般享有较高工薪，足以使他们全身心地投入到科学研究及教学当中。正是这种制度和学术自由的风气，使德国在希特勒上台前 100 年间在科学上一直处于领先地位，在数学上更是形成像柏林大学、哥廷根大学那样的世界数学中心。

正好在第一次世界大战结束后的动荡时期，一所崭新的大学应运而生，这就是汉堡大学。汉堡是德国的港口城市、经济中心，却一直没有高等学府。要知道，德国各地大学已有三四十家，一两百年历史的比比皆是。要想在这些大学中脱颖而出，当然很不容易。不过，新的大学也有自己的优势：没有经年累月的复杂人际关系，没有由“传统”带来的清规戒律。在这种情况下，只要有领袖人物，就能把队伍带出来。阿廷正好是这样一个人物，不过他当时连讲师都不是。汉堡大学刚创立时数学系有两个教授席位和一个副教授席位，两位教授都是从 1919 年开始任教的，一位是陈省身的老师布拉施克，另一位是刚在哥廷根当了一年正教授的海克。副教授则来自维也纳，他就是拉东，现在无处不在的 CT 成像技术正是建立在他 1917 年发表的拉东变换的数学基础上，不过阿廷到来之前他已离开汉堡大学。

布拉施克同阿廷一样也是奥地利人，1885 年 9 月 3 日生于格拉茨。他的父亲约瑟夫·布拉施克是奥地利格拉茨高等实科学校的画法几何学教授，布拉施克从父亲那里继承了对几何学的热爱，而且更重要的是，父亲灌输给他强烈的历史责任感及对外国文化的开放心态。布拉施克还有更具影响的爱好，就是旅游。1932 年他曾到中国访问，也许这导致陈省身留学德国。

可以说布拉施克一手在几年内把刚建的汉堡大学建成世界数学中心，其中最重要的是把杰出的数学家吸引到汉堡来。在黄金般的 20 世纪 20 年代，许多世界一流的数学家访问汉堡，当然也来了不少年轻人。

考虑到当时的情况，这可以说是几乎不可能的成就，因为 1918 年年底德国战败之后，连续五年，社会动荡，经济萧条，通货膨胀，民不聊生，可是汉堡却成了数学的天堂，这不能不说是与布拉施克的学术威望与个人魅力有关。一句话，他不仅是一位伟大的几何学家，而且是一位卓越的学术领导人，一位克莱因式的人物。这两位德国的学术领导人不像某些玩弄权力、玩弄权术的政客，而是热爱数学，为发展数学提供良好环境的领导。布拉施克很快就创办两大出版物《汉堡大学数学讨论班学报》（1921 年创刊，至今仍在出版，不久阿廷就成为三大编辑之一）及《汉堡数学文集》，阿廷的许多论文都是在前面的期刊上发表的。布拉施克的成功还有一个秘诀，那就是学习，向所有先进数学家学习，吸收他们的思想，取其精华，实现自己的创新。年轻的布拉施克曾到意大利比萨向比安基学习，他在哥廷根大学待了一个学期，同克莱因、希尔伯特和龙格有着亲密接触。而对他影响最大的，则是 1915 年到 1917 年在莱比锡大学任副教授时同阿廷的唯一老师——赫格洛兹成为亲密朋友，正是由于赫格洛兹的影响，布拉施克创立了新兴领域——积分几何学，这个领域也为他的学生陈省身、桑塔洛等人所发展。他绝没有像某些人那样故步自封，夜郎自大，他建议陈省身去法国追随埃利·嘉当，而且自己也学习，并写成《微分几何引论》。

阿廷 1922 年秋到了汉堡，1923 年就取得授课资格，成为讲师。这时接替拉东副教授席位的是拉德马赫尔，他是数论专家，1925 年被聘为布雷斯劳大学正教授，于是他在汉堡大学的副教授席位空缺出来。由于阿廷在研究和教学方面的突出成就，自然成为理想的继任人选。1925 年阿廷成为副教授，仅仅一年之后，他的副教授席位转为正教授席位，这样，1926 年刚刚 28 岁的他便成为正教授。由于阿廷等人的任教，汉堡大学很快成为德国数学的中心之一。

阿廷和他的同时代人可以说是百年德意志数学辉煌的最后一代。希特勒 1933 年上台之后，德国数学迅速走向衰落，差不多又经历几十年的时间，德国数学才再次屹立于世界数学之林，也出现一些国际知名的数学家，然而其影响很难同阿廷这一代相提并论。

阿廷这一代最著名的数学家，除了阿廷本人，还有西格尔、哈塞、布饶尔等人，也许还应该加上长期在德国工作的荷兰数学家范德瓦尔登，他们都在抽象代数及数论等领域取得突破性的成就。遗憾的是，阿廷，还有一些同时代人，特别是20世纪初出生的一代人，由于种种原因，虽然继承了先辈的成就，但是没能大有作为，这不能不说是历史的悲剧。其中我们特别要提到阿廷几乎是仅有的合作者，同时也是他的学生——英年早逝的施莱尔。

施莱尔与阿廷都出生在奥地利的维也纳，两人同一天生日，都是3月3日，他比阿廷整整小3岁，这短短的3年，使他没有赶上在第一次世界大战中服兵役，而比他大的阿廷就得耽误两年，而更年长的西格尔还不得不当了逃兵。施莱尔1919年进入维也纳大学读数学与物理，1923年取得博士学位，博士论文是关于群的扩张，而这开辟了群论的一个全新的方向，也是现代同调代数学的重要组成部分。他的好运还在于他来到新建不久的汉堡大学，那里由于阿廷等人的存在成为年轻人的天堂。阿廷和施莱尔可以说一拍即合，在当时仅有的良好工作环境中，创造出丰富的业绩。短短的六年间，他和阿廷合作创立了“实域”理论及现在称作的阿廷-施莱尔扩张，这不仅是数论和代数的重要工作，而且在当前信息论中的编码理论中有重要的应用。这位天才不仅同阿廷有合作，而且自己也有独创的成果。除了上面提到的群的扩张，还在两大数学分支有重大突破。一是组合群论，他在1927年获得授课资格的论文中，证明了其中的一个基本定理：自由群的子群也是自由群。这后来被命名为尼尔森-施莱尔定理。二是他第一个定义拓扑群，虽然李群的研究已快50年，但只有他从代数结构与拓扑结构相结合的角度来研究，这有效地推动希尔伯特第 5 问题在 1952 年完全获解。1927 年他在汉堡大学的讲义《解析几何与代数》后来由施普纳整理成书出版。由于施普纳于 1932 年到 1934 年来北京大学任教，这本书也被译为中文，可以说它是把近世代数观点引入中国的第一本教科书。

不幸的是，这位天才 1929 年被罗斯托克大学聘为副教授，可他还没有赴任，就在汉堡病逝，年仅 28 岁。虽说他要是继续活下去也许还有更多创造，但以他的犹太背景恐怕也难逃厄运，他的父亲 T. 施莱尔是一位著名建筑师，后来就死在纳粹集中营里。值得一提的是，只有极少数的犹太人逃脱了纳粹的魔爪。有少数人其本人并非犹太人，但或者由于妻子是犹太人（如外尔），或由于对纳粹统治不满（如哥德尔和西格尔），他们跑到美国或加拿大，布饶尔就是其中的一位。他们逃过此劫，不仅使个人成就再创辉煌，而且推动美国数学在第二次世界大战之后兴起。

1929 年，阿廷与他的一个学生雅斯尼结婚，她有多方面的天赋，性情温和，乐于助人。阿廷的家成为他所在数学界的社交中心。他们共有三个子女，长女卡琳是美国数论大家泰特的妻子，次子迈克尔是当代著名数学家，三子托马斯在美国出生，专攻英国文学。

三、辉煌十年（1923—1933）

从 1918 年 11 月 11 日第一次世界大战结束，到 1933 年 1 月 30 日希特勒上台，历史上常把这时期的德国简称为魏玛时期。这个时期虽然不长，但在科学史上却是值得大书特书的。这个时期（也许再加上前后短短几年）德国科学成就了它最后的辉煌：在物理学上是量子物理学的建立，在数学上则是类域论的这个划时代成果和抽象代数学的建立。这两方面与阿廷的工作都密切相关。

类域论是代数数论的重要分支，由希尔伯特一手创造。代数数论从高斯在 1801 年创立起，到 19 世纪末已成为数学女王王冠上一颗最璀璨的明珠，至今也以朗兰兹纲领的名义成为数学的领头羊之一。

阿廷在数学上最初的贡献是在代数数论方面，而顶峰则是类域论的完成。代数数域是有理数域 Q 上的有限次代数扩张，比如说添加一个 m 次不可约整系数方程的根。对于一个固定的代数数域 k，可以考虑它的正规扩张域 K，每一个 K 对应一个伽罗瓦群 $G(K/k)$。假如伽罗瓦群 $G(K/k)$ 是交换群（阿贝尔群），这个扩张就称为阿贝尔扩张。类域论就是研究怎样用 k 的元素来描述 k 的所有阿贝尔扩张的问题。1920 年日本数学家高木贞治完成了类域论的最早突破：对于每个扩张 K，都对应 k 中的一个对象 $T(K)$，即 k 的理想类群在某一等价关系之下的一个等价类。高木描述了这些 $T(K)$ 的集合，而且每一个 $T(K)$ 都刻画 k 的唯一的阿贝尔扩张 K，并且 K 的代数及算术性质可由 $T(K)$ 直接推出。

对这个漂亮的定理，高木给出的证明非常繁复，中间还要用到解析的方法，但其中起主要作用的是定义狄利克雷 L 级数。因此，最好能够简化证明甚至取消解析方法。阿廷首先开始了这方面的工作，而最后取得成功的是布尔巴基的成员谢瓦莱。

显然，接下去的问题是怎样推广类域论的结果：从代数数域能否推广到更一般的域上？从阿贝尔扩张能否推广到非阿贝尔扩张？

阿廷研究了第一个问题。在他的博士论文中，他应用有理数域上的二次数域的算术及解析理论来研究有限域上单变量有理函数域的二次扩张。这实际上已经预示后来数域与函数域的类似。他把 k 不看成代数数域，而当作有限域上的代数函数域。他考虑一个最简单的情形：有限域上有理函数域的二次扩张。每一种扩张都有一个相应的 ζ 函数，而 ζ 函数最主要的问题就是黎曼猜想。阿廷对于许多特殊情形证明了这个猜想，他的演算技巧已经显露出一种大师的非凡能力。这篇论文开辟了一个新方向。此后，重要成就接踵而来。1931 年 F. K. 施密特考虑有限域上一般单变量代数函数域，发现了 ζ 函数的函数方程，并发现了它与黎曼 - 洛赫定理的关系。1933 年，哈塞证明了椭圆函数域的黎曼猜想。1941 年，韦伊最后证明了任意单变量代数函数域的黎曼猜想，他用的是建立在严格基础上的代数几何学方法。

阿廷最重要的工作是一般互反律。1923 年做授课资格论文时，他开始了关于类域论的一个大计划。首先是引入一个新型的 L 函数，后来称为阿廷 L 函数，然后猜想其函数方程，并在特殊情况下证明，证明中他得出一般互反律的猜想。事实上，早在 18 世纪人们就已经知道二次互反律，并由高斯第一个给出严格的证明，后来又发现三次和四次互反律乃至一般的互反律。高斯证明了一些特殊的情形，但对一般情形还有一些困难。1926 年苏联数学家切包塔迈夫发表了弗洛宾尼乌斯一个猜想的证明，是关于素理想集合的密度定理，这个想法正好是阿廷所需要的，于是他给出了一般互反律的直接证明。这不仅补充了类域论，而且成为其中的核心部分，使他完全解决希尔伯特第 9 问题。

阿廷的互反律有许多应用，其中之一是证明了希尔伯特关于绝对类域的猜想，即“主理想定理”，可以由有限次阿贝尔群的性质推出。很快在 1930 年菲特文格勒就证明了这个群论结果。1934 年弥永昌吉在阿廷的指导下又给出了一个更简单的证明。

20 世纪 30 年代初期，类域论转向一个新的阶段。当时法国年轻的数学家厄布朗和谢瓦莱开始对类域论感兴趣，并且对它进行算术化。从 1930 年到 1940 年，谢瓦莱引进伊代尔群的概念，完成了算术化工作，彻底丢开了解析工具。而实际上阿廷于 1931 年至 1932 年在汉堡的讲义中已经在这方面迈出了第一步，并显然对后来的工作有着重要影响。1932 年，他在哥廷根的演讲中也介绍了厄布朗的工作。

同时，20 世纪 30 年代初，爱米·诺特等人注意到类域论与结合代数理论之间的密切关系。他们证明了主定理，后来被哈塞用来证明阿廷的互反律。这样，当 20 世纪 40 年代拓扑学的同调与上同调观念进入代数学时，同调代数立即成为类域论的自然表述工具。在这方面霍克希尔德和中山正在 1952 年打下了基础，由泰特完成。一贯喜欢干净漂亮的表述的阿廷这次找到了理想的方法。他在 1951 年至 1952 年同泰特合作写出其著名的类域论讲义，其中包括大量新结果，特别是泰特完成的上同调理论，把阿廷的互反律变为高阶上同调群的泰特定理的特殊情形，这显示出新方法的巨大威力。

四、抽象代数学的奠基

抽象代数的奠基人被公认为是爱米·诺特，她也常被称为“抽象代数学之母”。但是，阿廷和范德瓦尔登的工作绝不可小视。因此，诺特、阿廷和范德瓦尔登是完成从经典代数学到现代代数学转变，并把代数学由演算数学向结构数学过渡的三位巨人。如果用简单的话语来形容，经典代数学主要是求解方程，而代数方程主要分为三类，它们分别形成代数学三大分支：

——求解线性方程组，形成线性代数学；

——求解多项式方程，形成方程论，经伽罗瓦之手产生群与域的观念，经阿廷之手创造出漂亮的伽罗瓦理论；

——求解多项式方程组，形成代数几何学。

抽象代数学同经典代数学有着不可分割的血缘关系，然而，它的目标已经由求解方程过渡到研究抽象对象的结构。而在三巨头时代，抽象代数学的对象简单说就是群、环、域，研究它们的分支，也自然称为群论、环论及域论：

群论：群的前史实际上比较悠久，群的概念早已隐含在数论、代数、几何及分析当中，甚至在日常生活里面。不过19世纪的数学家不喜欢过分抽象的概念，所以抽象群的概念一直到19世纪末20世纪初才定下来。在这个时期，群论即便说有一些定理，也是在具体对象之下隐藏着。时至今日，数学专业的大学生甚至研究生，学习抽象群相对学习环与域来说所遇到的困难一点都不少。

环论：环的概念有十分具体的背景，那就是整数全体所构成的交换环。非交换的结合环也在 19 世纪已经发现，那就是四元数与矩阵。而 19 世纪末又发现了非结合环——李环。

域论：域比环更为简单，它的原始模型是有理数全体。其特征在于域的元素可以进行加、减、乘、除的运算。

从抽象代数的三大核心分支来看，爱米·诺特的主要工作是在环论（代数理论）方面深入挖掘，得出若干十分深刻的定理，显示出群、环、域密不可分的统一性。而阿廷有所不同，他在群论、环论和域论都开辟了全新的方向，而且在原来的数学对象中发掘出不明显的代数结构。简单说，阿廷在抽象代数学方面的贡献可归纳为：

——群论：引入辫子群，形成辫子理论，也是组合群论的重要方向；

——环论：极小条件环（后称阿廷环）的结构定理；

——域论：实域理论，并解决希尔伯特第 17 问题。

从阿廷类域论的工作已经可以看出他在代数方面的倾向。1925 年以后，在爱米·诺特工作的启发下，他开始了一些纯代数的工作。1925 年到 1932 年，年轻的阿廷的创造性达到了高潮，他不仅解决了许多大问题，而且还开创了一些新理论。

1925 年他创造了“辫子理论”，引入辫子群，把辫子的每根头发相互缠绕的复杂关系变成一套漂亮的拓扑与群论理论。这再一次使无所不在的群进入一个全新的领域。他写了这篇论文之后，过了 20 年才又重新拾起此方面的工作，现在这个理论有许多重要的应用。

在环论方面，他再次取得突破，把韦德伯恩著名的超复系的结构定理推广到具有链条件的结合环上，这些环的理论满足升链条件与降链条件。1939 年霍普金斯证明由升链条件可推出降链条件。后来，这种环被称为阿廷环，而且阿廷和他的学生们还研究了阿廷环的结构定理。

阿廷在抽象代数学方面最辉煌的业绩可以说是建立实域理论，并由此完全解决希尔伯特第 17 问题，这也是抽象方法的最大胜利。他研究这个问题的出发点是刻画实代数函数域，把这些域的特点总结成“实域”的概念。阿廷作为抽象代数学的奠基人，深刻认识到抽象概括、公理刻画、结构思想、形式推广的重要性。因此他不仅完整解决原来的问题，而且推向一般情形。他首先认识到正定与序结构密切相关，而实数域的特点就是有序结构，而复数域就没有这样的序结构。实数域与复数域另一个巨大差别是 -1 不能表为实数的平方和，但在复数却可以。从这点出发，阿廷定义了形式实域，它以实数域为模型又是实数域的推广。什么叫实域呢？ 1927 年，他同施莱尔引进了这个概念，他们定义在域中 -1 不能表为域中元素的平方和。接着他们研究实域与有序域的关系。所谓有序域，就是其中集合中任何两个元素有个序关系 $\geqslant$，使得 a 和 b，或者 $a\geqslant b$ 或者 $b\geqslant a$，而且

$$\text{如 } a\geqslant b\text{，则 } a+c\geqslant b+c\text{，}$$

$$\text{如 } a\geqslant b\text{，且 } c>0\text{，则 } ac\geqslant bc\text{。}$$

按照这个定义，有序域一定是形式实域。反过来，阿廷证明任何实域也可以成为有序域。为了解决希尔伯特第 17 问题，他和施莱

尔还仿照“代数封闭”定义“实封闭”，也就是一个域再不能有真正的实代数扩张域。阿廷等还证明出“实封闭域能以唯一的方式排序”，由此他们几乎无中生有地建立了整个实域理论。

在实域的抽象理论基础上，希尔伯特第 17 问题就不难解决了。该问题源于希尔伯特 1888 年的一个结果。设 $f(x_1, \cdots, x_n)$ 是 n 个变元的实系数多项式。$f(x_1, \cdots, x_n)$ 称为正定，也就是说，对于任何一组实数值（$a_1, \cdots, a_n$），$f(a_1, \cdots, a_n)$ 的值都大于或等于零，即永远不取负值。当然，$f(x_1, \cdots, x_n)$ 要是能够表示成几个实系数多项式 $f_1, \cdots, f_m$ 的平方和，那么 $f(x_1, \cdots, x_n)$ 显然正定。希尔伯特问：反过来，如果 $f(x_1, \cdots, x_n)$ 正定，它是否能表示为一些实系数多项式的平方和呢？他发现，除非 $n=1$，也就是一个变元，这结论不对。于是希尔伯特退一步问：要是两个正定多项式的商，也就是有理分式，情况又如何呢？当然，这一次就要表示为实系数有理分式的平方和了，不过取值的时候注意不使分母为零即可。1900 年希尔伯特提出这个问题以后，进展一直不大，因为大家不知怎样入手。

对于像希尔伯特第 17 问题这种大问题，一般有两种途径去攻克：一种是一步一步往前走，既然 $n=2$，$n=3$ 已解决，那么就沿着希尔伯特的道路接着走，去考虑 $n=4$，$n=5$，…的情形。只有像阿廷这样的数学大师才能从理论的高度一下子解决整个问题并且为未来开辟道路，也只有这种途径才能使数学不断取得突破，达到辉煌的境界。1926 年，阿廷在“实域”理论基础上，轻而易举地解决了这个问题。

阿廷又证明，对于形式实域 K 中任何元素 a，a 可以表示成平方和当且仅当 a 对任何 K 中的序都是正的。由此，阿廷证明，正定函数 $f(x)$ 是全正的即可。

他不仅肯定地回答了希尔伯特原来的问题，而且大大超过原来的限度，实系数有理分式的函数域可以换成任意实域。不仅如此，他还能定出表为多少个有理分式的平方和。整个问题解决得干净利索，使许多人赞叹不已。这也反映出阿廷不是单纯的抽象，而是真正能够运用抽象概念解决具体问题。

由于阿廷的大度，他的天才，他的表述方式，自然吸引了许多数学家来到他的周围。像范德瓦尔登、维特、查森浩斯等著名代数学家都在汉堡工作过，在汉堡他还培养了 11 位博士生。厄布朗及后来布尔巴基学派的创始人谢瓦莱、韦伊也都去过汉堡，他们正是在同阿廷的谈话、著作、讲课当中看到“结构”观念的，我们事后看来，这是多么明显！阿廷的论文及书不仅思想丰富，而且表达清晰，使人喜欢阅读，而且获益不浅。他整理的讲义，总是精心加工，非常像艺术品，从中已经看不到原来的毛坯及刀刻斧凿的痕迹了，许多表述到他这里就定了型，如伽罗瓦理论，而且他还喜欢把著名定理的证明简化得干净而漂亮。

阿廷还留给后世许多猜想，其中的一些已经开辟了新的数学分支，还有一些至今没有解决，成为启发年轻一代钻研数学的动力。

五、逃往美国

1933 年 1 月 30 日，希特勒上台，世界历史风云突变，德国数学也遭到浩劫。首当其冲的是有犹太血统的科学家。1933 年 4 月，德国政府很快就宣布犹太人不能担任公职，而教授、副教授恰好在这个范围之内。许多数学家因此被解职，最典型的是爱米・诺特与兰道。大数学家赫尔曼・外尔与阿廷属于另一种情形，他们本来是雅利安人，但是他们的妻子却有犹太血统。他们的职务并没有受到影响，可是他们还怎么能安下心来工作呢？德国之大，已不再能放下一张平静的书桌了。

出于对法西斯的憎恶及妻子的原因，阿廷自然想离开德国，不过他又对德国，尤其是哥廷根和汉堡的数学及文化恋恋不舍。他难以忘怀在汉堡的那些年，那是他研究与教学最活跃的时期，正是那个时期，他参与了这个新的数学中心的建设。因此一直到 1937 年他才下决心离开，阖家移居美国。他先在圣母大学待了一年，然后在印第安纳大学当教授（1938—1946），后到普林斯顿大学（1946—1958），一直到他 1958 年回德国。

实际上，阿廷继辉煌十年之后整整十年（1933—1942）没有发表过一篇论文，不过这并没有表明他已经衰老，他不喜欢发表不成熟的文章，但乐于在数学界讲述他的想法。他经常把自己的思想大大方方地讲给学生听。阿廷指导的学生很多，他们的博士论文的想法有不少是来源于他的思想。有时，他还用过去的想法启发学生，让学生自己得出那些结论。因此，他对学生们有着深刻的影响，在他的学生的论文中很难分清哪些是他的，哪些是别人的。阿廷讨厌那种关于优先权的议论，他不介意做出来的成绩归谁的名下，只关心做的结果和怎么做的。

美国在当时也处于大萧条之中，虽然欧洲流亡者的到来早已证明对美国科学的提升起着决定性的作用，但是，他们的接纳能力十分有限，这给他们一个选择的余地。无疑大牌的科学家得到充分的礼遇，如爱因斯坦与外尔，新建的普林斯顿高等研究院为他们提供了最好的环境，即使学术的氛围与欧洲特别是德国差距不少。冯·诺伊曼是少数几位对美国科学技术发展做出巨大贡献的科学家之一。他无论是在计算机的设计和制造，还是在原子弹与氢弹的研制上几乎无人能代替。他的幸运也许应该归功于他自己。1930 年他就到美国工作，而且不时回到欧洲汲取营养。

其他数学家就没有那么幸运了，被美国收容已经很不错了。爱米·诺特在美国只待了一年多（1933—1935）就死在了手术台上。她“进步”的弟弟弗里茨到了苏联后不久就不知去向，后来档案解密才知道他的死期。哥廷根大学教授柯朗在纽约大学找到了工作，他充分发挥自己的组织才能建立了数学研究所，那里人才辈出，至今有两位阿贝尔奖得主在此工作。

阿廷这一代在 1900 年左右出生的大多数人，在 20 世纪 30 年代时可能还不能说混出个名堂，像阿廷这样，在风云巨变之前就能解决两个半希尔伯特问题（占总数 1/10）的数学家当然是凤毛麟角，不过即使如此，那时候也只能在美国的某个不太知名的大学屈就。

阿廷在印第安纳大学待了 8 年，只指导了两位研究生。他的教学依然出色，但是，对于鹤立鸡群的大师，免不了有这样那样的谣言。说什么他到美国十年只写了 1 篇小论文，而且是以书信的方式给他以前在德国的博士生佐恩写的。佐恩的名气主要来自现在在代数学中无处不在的佐恩引理，佐恩引理和选择公理等价。佐恩在美国办了一个“自己刊印”的杂志（*Samzdat*），这个词后来常被用于苏联持不同政见者的地下出版物。应佐恩之请，阿廷写了一篇《克瑞恩－米尔曼的一个证明》，这是泛函分析十几个最基本的大定理之一，但只能说是他的小品之一。当然这个说法也太夸张，在美国参战后五年，他还是写了几篇论文，主要是环论及域论方面的延伸。但他的讲课的记录却是精品，特别是 1942 年出版的《伽罗瓦理论》，这本不到 100 页的小书可以说是数学的艺术精品。也许正是这样的表现又出现了这样的传言，当 1946 年美国的第一流大学普林斯顿大学聘他为教授时，印第安纳大学并没有对着干，立即予以放行。

普林斯顿使阿廷迎来第二次青春。当然数学的突飞猛进使他多少显得落伍。这首先是由于布尔巴基学派的兴起，抽象代数学的思想已扩张到整个数学，而且从方法上讲已经向前跨越了几个“世代”。代数数论和类域论，尤其是代数几何学的面貌在 20 世纪 50 年代发生了巨大改变，这已经是阿廷难以理解的了，不过，布尔巴基数学的灵魂都是继承阿廷的思想，他的儿子和学生们不仅继往而且开来。

阿廷到达普林斯顿时，正逢普林斯顿大学 300 周年校庆，他是数论和代数组的主席，整个讨论都是围绕他的问题来进行的，他很快成为普林斯顿数学家的偶像，甚至他的言谈举止都成为他们仿效的对象。当然，受益最大的是他的少数天才学生。阿廷虽然年近半百，但在普林斯顿居然指导了 18 位博士研究生，而且许多是当代一流的大数学家。阿廷同他们通过各种方式进行长时间的交流，现在已不只是希尔伯特时代长时间的散步，而且还有长途电话，即使这在当时也并不便宜。他又感到得天下英才而教之的那种欣喜，他说：

这种机会对人的一生只有一次，十分难得。

而他的学生朗（曾以多种著述闻名于世，而且是少数不是法国人的布尔巴基成员之一）讲，他一生最大的幸运是有阿廷这样的老师。这就是为什么继哥廷根之后，普林斯顿又成为数学中心的缘故。名师出高徒嘛！

普林斯顿的环境也许使他“乐不思蜀”，他再也没有回德国访问，即使他到 1955 年去日本的日光参加国际数论会议。然而，从 1956—1957 学年，他第一次享受七年一次的休假待遇，于是，他接受邀请，在哥廷根待了一学期，在汉堡大学待了另一学期。故地重游，他做出一个令人吃惊的决定：重返德国。休假之后，他在普林斯顿大学又教了一年书，就再次于 1958 年秋天回到阔别 20 年的汉堡大学当教授。60 岁的阿廷为什么要“落叶归根”呢？布饶尔 1958 年 11 月到汉堡访问时，两人在这个港口城市散步。在那晚秋时节的多雾、忧郁的夜晚，阿廷似乎在寻找 30 多年前自己那充满青春活力的身影……当然，阿廷的人生态度还是积极的，他谈起德国和美国跨大西洋两岸的合作，他也期望以后的美国之行。阿廷深刻认识到代数拓扑学的重要性，20 世纪 50 年代到 60 年代的辉煌已使代数拓扑学成为数学的女王，由代数拓扑学衍生出来的同调代数学、K 理论，乃至范畴论已成为包括代数数论、类域论、代数几何学等领域的新语言。可是他并没有看到他的门徒布尔巴基学派代表未来的方向！他的理想最终实现。这位充满活力的数学家在 1962 年年末突然去世，享年不到 65 岁。返回德国也许只是他的一厢情愿，他在 1959 年同他的妻子离婚，三个子女也都留在美国发展。这也许是正确的选择。阿廷或许怀着恢复德国数学昔日荣光的梦想，然而在希特勒纳粹的大破坏之后，德国已很难恢复昔日的荣光，真是破坏容易建设难呀！

六、后继有人

阿廷在数学史上的地位无可争议，由于他出色的教学才能，无论在什么地方，他的周围都有一大批活跃的年轻人，有意思的是他不仅影响千千万万的数学学子，而且在他最近的亲属和学生当中也产生了不少杰出的数学家。如前所述，阿廷的长女卡琳嫁给了泰特。泰特在哈佛毕业之后，就来到普林斯顿大学当阿廷的博士生，他 1950 年的博士论文成为类域论的划时代论文，以至于在 1967 年作为经典论文在总结代数数论的文集中发表。1950 年到 1953 年他在普林斯顿大学当助教和讲师，同阿廷合作，共同举办类域论讨论班，并于 1952 年在类域论中引入同调代数方法，现在这已成为经典方法之一。正是这样的成就，他从 1954 年起成为哈佛大学的教授，并在 1969 年当选为美国国家科学院院士。他获得的最大的国际荣誉则是 2002—2003 年度沃尔夫奖。

阿廷的儿子迈克尔·阿廷是当代美国一位大数学家，这可以从他荣获美国数学会斯蒂尔奖中的终身成就奖看出。他在获奖致答词中谈道：

> 我的父亲喜欢数学，他教会我许多东西，从数学到许多野花的名字，我们一起演奏音乐。

可是，老阿廷并没有劝儿子追随他的步伐，他唯一指教儿子选择的方向是化学，然而，小阿廷到了大学之后，逐渐由化学与物理学转向数学与生物学。但是，他赶上20世纪五六十年代代数几何学大发展时期，在扎里斯基的集体中，他成为伟大的代数几何学家。代数几何学的大发展，无疑受到抽象代数学及法国布尔斯基学派的影响，小阿廷本人还研究非交换代数（这是老阿廷成就的一部分）和非交换代数几何学，他的更抽象的创造，则是把概型进一步推广到代数空间，显示出阿廷抽象代数学的深远影响。他是美国科学院院士，曾任美国数学会主席。

阿廷的学生很多，博士生也不少。其中最著名的除了泰特当数朗。朗与泰特一起在普林斯顿大学度过1947年到1953年的时光。在这里，他成为阿廷的博士生。在2000年出版的朗的五卷《全集》中，他表示：成为阿廷的学生，我再也不可能有比这更好的起点了。这再次显示阿廷名师出高徒的高超技艺，他能启发任何人的独创精神。在阿廷指导下，朗在1951年的博士论文中推广了中国数学家曾炯之的著名定理（1933），其后这个定理被称为曾－朗定理写入许多教科书中。其后，他在数学中有许多创新，特别是数论、代数几何、李群乃至微分几何和分析。

朗不仅在原创数学方面酷似其师，而且在数学论述及普及方面几乎无人能比，他写了几十部研究生用的教科书及专著，其主要特点在于把新兴领域和创新用更清晰的方式传达给隔行的专家甚至广大普通读者。为此，他荣获 1999 年度美国数学会斯蒂尔奖中的数学论述奖。在这方面，他是阿廷精神的真正继承者。

七、结束语

阿廷是 20 世纪最伟大的数学家之一，可是数学家的伟大用什么来衡量呢？概括来说，有相互联系的四个方面：创建新理论、发展新方法、解决大问题、进行新交叉（和新应用）。数学家正是由于他在这一个或几个方面的杰出工作而成就其影响力的。而阿廷则是在所有这些方面都做出贡献的。首先，他在数学三大领域——数论、代数和拓扑都开拓出全新的方向。在数论方面是类域论，这是整个数学中最为漂亮也最深刻的建筑，阿廷的工作不仅为经典理论做出最后的概括，也因此开辟后来各种发展的方向。当前数论最大的成就是朗兰兹计划，它完全是沿着阿廷的方向进行，具体说由朗兰兹的猜想即可推出阿廷的 L 函数猜想。20 世纪最大的理论发展是抽象代数学的建立与拓扑学的兴起，阿廷则与爱米·诺特和范德瓦尔登一起被公认为是近世代数学的创立者，而他的辫子理论也成为当前热门——纽结理论的重要组成部分。阿廷还是解决大问题的能手，希尔伯特的 23 个问题，他一人就漂亮地、正面地解决了两个半（第 9 问题、第 17 问题及第 12 问题的部分），其他数学家解决一个、半个已经是相当了不起的事了。

阿廷在数学上既广泛又深刻的成就已足以使他不朽，而他在数学史上的地位还不仅限于此，正是由于他的思想影响及言传身教，他成为20世纪最有影响的数学家集体——布尔巴基学派的教父。布尔巴基的核心概念——数学结构在阿廷的论文中早已存在！

（作者：胡作玄　邓明立）

拉斯·阿尔福斯

20 世纪的复分析大师

拉斯·阿尔福斯

（Lars Valerian Ahlfors，1907—1996）

诞生于18世纪的复分析经由柯西、黎曼和魏尔斯特拉斯等人的推进，逐渐成长为19世纪最具活力的一个数学分支。20世纪以来，在法国、德国、英国和芬兰等各国众多数学家的努力下，复分析在单复变函数论、多复变函数论、黎曼曲面理论和共形映射理论及它们的各类推广等方面都得到了发展和完善。其中，芬兰裔美国数学家拉斯·阿尔福斯功不可没。

阿尔福斯可以说是20世纪复分析的历史发展中一位传承古典、开辟未来的先驱，他因对古典复分析的发展而获1936年的首届菲尔兹奖，又因对现代复分析的开创而获1981年的沃尔夫奖。他还在1936年、1962年和1978年的三次国际数学家大会上，被邀做一小时大会报告，分别以“黎曼面几何”“泰希米勒空间”“拟共形映射、泰希米勒空间和克莱因群”为题目讲述了他在三个完全不同领域的开创性工作。1981年沃尔夫数学奖颁奖会上的颁奖词如此评价阿尔福斯：

> 阿尔福斯的方法集合了深刻的几何洞察力和敏锐的解析技巧。他的语言风格简单明了。一次又一次地，他攻克与解决了一门学科的中心问题。一次又一次地，其他数学家被他在许多年之前所做的工作所鼓舞。在一定程度上，

当今每一位复分析家都是他的学生。

阿尔福斯的主要贡献是单复变函数论，他在当儒瓦猜想的证明、奈望林纳理论的几何推导、施瓦兹引理的推广、极值长度方法的发展、黎曼曲面理论、拟共形映射、泰希米勒空间及克莱因群有限定理和高维的拟共形变形等方面都做出了杰出贡献，是公认的 20 世纪最重要的复变函数论专家之一。阿尔福斯引领复分析领域的发展达 60 多年并几乎定义了这一领域，他所涉猎的每一个研究课题都成为后来发展的热门课题。他被学生们亲切地称为“复变量先生”，被同行们誉为“数学王国中点石成金的国王迈达斯”。

一、生平述略

阿尔福斯 1907 年 4 月 18 日出生于芬兰首都赫尔辛基。他的母亲赫兰德不幸死于分娩，致使阿尔福斯一出生就失去母爱。出生不久的阿尔福斯被送到位于芬兰西南沿海的阿兰群岛，由他的两个姑姑照顾直到 3 岁。阿尔福斯的父亲阿克塞尔·阿尔福斯起初是一名工程师，后来成为赫尔辛基理工大学工程力学教授。他教子有方，从阿尔福斯三四岁起就开始训练其数学计算能力，对阿尔福斯要求极为严格。12 岁左右时，阿尔福斯已开始利用父亲在家里的工程图书室自学各类数学书籍。此外，他还喜欢学习各种语言、音乐和美术。17 岁时，阿尔福斯以优异成绩毕业于赫尔辛基的一所高级中学。

1924 年，阿尔福斯考入赫尔辛基大学，有幸受到复分析专家林德勒夫和奈望林纳的指导。1928 年，在通过了所有硕士学位的课程考试后，年轻的阿尔福斯随同奈望林纳到苏黎世大学进行访问，其间他因证明当儒瓦猜想而成为该领域中众所周知的新秀人物。1929 年阿尔福斯回国，在图尔库的阿博大学开始了教书生涯。1930 年阿尔福斯通过博士论文答辩，但拖到 1932 年才被授予学位。在 1930 年至 1932 年，阿尔福斯到欧洲大陆做了几次访学，1933 年返回赫尔辛基大学任带薪兼职教授，并和随父母定居芬兰的奥地利女孩埃尔娜结为伉俪。1935 年，在卡拉西奥多里推荐下，阿尔福斯去哈佛大学数学系做了为期 3 年的客座讲师。次年，在挪威奥斯陆举行的国际数学家大会上，阿尔福斯又和美国数学家道格拉斯一起荣获首届菲尔兹奖，这极大地增强了阿尔福斯从事数学研究的信心。因为那时候，菲尔兹奖还没有建立像今天这样的威望，获得这个奖当时并不那么为人看重。

1938 年，31 岁的数学家阿尔福斯谢绝了哈佛大学的挽留，回到母校赫尔辛基大学担任教授。1939 年第二次世界大战爆发，芬兰处于战乱中。作为芬兰的著名数学家，阿尔福斯被国家予以重点保护，安排在了很安全的地方生活。而他的妻子则带着三个女儿和唯一的儿子在瑞典的亲戚家里避难，其间他们年幼的儿子不幸触电夭折。在接到苏黎世大学的邀请后，考虑到当时芬兰苍凉的未来，同时也是与家人团聚的唯一机会，1945 年年初，阿尔福斯一家在战火中从瑞典辗转到了瑞士，但他和妻子发现战后外国人很难在此扎根。一年半后，在外尔的推荐下，他们全家又来到哈佛大学。由于阿尔福斯的加入，20 世纪 50 年代哈佛大学的整体数学实力得到进一步加强。1948 年至 1950 年，阿尔福斯担任哈佛大学数学系主任，1964 年又被聘为该系格劳斯坦讲席教授。阿尔福斯在 1953 年当选为美国国家科学院院士，他还曾任美国数学会副主席、芬兰科学院院士、瑞典等国的皇家学会会员、1986 年国际数学家大会名誉主席等。1977 年阿尔福斯在哈佛大学退休，退休后的阿尔福斯仍然壮心不已，继续学习和研究新的数学理论，直到 1996 年 10 月 11 日在美国麻省的坎布里奇去世。

二、初露锋芒：证明当儒瓦猜想

当儒瓦猜想的证明是阿尔福斯获得菲尔兹奖的前奏。1928 年秋，奈望林纳被邀请到联邦工业大学以代替要去美国访问一年的外尔。奈望林纳在苏黎世讲授了包括亚纯函数值分布理论在内的现代函数理论，也特别介绍了法国函数论专家当儒瓦关于整函数的渐近值个数的猜想及瑞典数学家卡勒曼对该猜想的部分证明。在奈望林纳的指导下，年仅 21 岁的阿尔福斯最终证明了这个数学界为之奋斗了 21 年的著名猜想。阿尔福斯的证明主要使用了“长度－面积原理”。他是从胡尔维茨和柯朗 1922 年出版的关于函数论的教科书中得知该方法的，该原理在共形映射的边界对应中的应用激发了阿尔福斯的灵感。这篇题为《整函数的渐进值》的论文经奈望林纳和联邦工业大学教授波尔耶润色后发表在《巴黎科学院通报》上。

1930 年，阿尔福斯进一步以上述工作为主，完成其题为《共形映射理论和整函数理论研究》的博士论文。文中阿尔福斯不仅得到了现称为当儒瓦－卡勒曼－阿尔福斯定理的更强的结论，还首次系统地处理了带形域的共形映射，给出了可用来解决一类函数增长率及其他问题的阿尔福斯偏差定理，并由此导出了角微商存在性的一个很好的条件。这一工作后来被罗丹和华萨弗斯基、海曼及其学生 D. 哈密顿、阿尔福斯的学生詹金斯等一些学者引用和发展。中国数学家张广厚在揭示其亏值、渐近值和朱利亚方向三者之间有机联系的杰出工作中也运用了阿尔福斯的偏差定理。

三、勇攀高峰：荣获菲尔兹奖

1936 年，阿尔福斯又因覆盖面理论的提出而登上了菲尔兹奖坛。该项工作源于以研究整函数和亚纯函数取值情况为主的值分布论这一历史悠久的分支。代数基本定理告诉我们，多项式根的个数恰好等于其次数，即多项式的值分布由多项式的次数所控制。1876 年，魏尔斯特拉斯把这个实多项式分解定理推广到在整个复平面上都全纯的整函数上，得到了整函数分解为素因子的因式分解定理。事实上，布凯和布里奥在 1859 年、贝蒂在 1861 年也都曾给出过整函数因子分解定理的不很精确的陈述。1879 年，魏尔斯特拉斯的学生米塔－列夫勒又给出了复杂性仅次于整函数的亚纯函数分解定理，并于 1884 年把这个结果整理成文发表在自己新创立的杂志《数学学报》上。也是在 1879 年，皮卡从另一角度完善了魏尔斯特拉斯的结果，得出了与整函数取值有关的皮卡定理，奠定了值分布论的基础。阿达玛和保莱尔则引入整函数的级的概念，将方程根分布的稠密情况和函数的最大模的增长性联系起来，把皮卡定理推进了一大步。但上述理论对无穷级的整函数或亚纯函数无法使用。奈望林纳在20世纪20年代弥补了这一缺陷，他以奈望林纳特征函数为工具，采用了詹森1899年获得的一个结果得到第一基本定理；为对保莱尔不等式在精度上有所改进，他又提出了第二基本定理。奈望林纳的研究使值分布论呈现出了崭新面貌。

上述数学家关于函数值分布论的工作主要以解析方法为主。但阿尔福斯更想从几何学的角度浓缩整个奈望林纳理论，在他看来，几何手段是古典分析中强有力的方法，复分析中用于计算的正确方法往往始于几何直觉的引导。诚然，利用几何方法处理复分析问题也是已有的历史传统。复分析的先驱者欧拉的工作已导致了包括与几何相联系的复函数技术的巨大发展。1851年，为进一步弥补柯西在建立复分析理论时对极点、多值函数等认识上的不足，黎曼在博士论文中引入了发展复分析的一个全新几何概念——黎曼曲面，强调了由复解析函数定义的映射的几何特点。受此影响，克莱因自1874年开始用几何观点来整理黎曼的工作并发展了一些拓扑的概念，庞加莱则奠定了用几何不变量研究复变函数的基础。这些已有成果特别是黎曼的工作无疑给阿尔福斯以深刻启迪。

在20世纪30年代，阿尔福斯把来自微分几何与几何拓扑的新思想融入复分析中的已有方法，取得了许多有意义的成果。这一时期阿尔福斯最突出的工作体现在他1935年发表的题为《覆盖面理论》的论文中。覆盖面理论的提出是阿尔福斯对亚纯函数研究做出的一个原创性贡献。

这篇使阿尔福斯获得菲尔兹奖的代表性作品，主要目的是想用覆盖面的几何特点来解释奈望林纳理论。其中心思想是假设给定了一个亚纯函数，则那些奈望林纳理论中的基本量，如数目函数、用来度量函数增长性的奈望林纳特征函数等，能够重新解释为一个函数的象的黎曼曲面的性质，该曲面可看作一黎曼球的覆盖曲面。该文共分为四部分，前三部分分别讨论了有限覆盖面、开覆盖和开覆盖映射，最后一部分把这套理论应用于亚纯函数，得到了包含奈望林纳定理在内的许多著名定理。而且，文中阿尔福斯还发现奈望林纳理论的基本部分可以推广到更广泛的一类函数即所谓的“拟共形映射”，这类新映射是共形映射的自然推广。阿尔福斯命名的“拟共形映射”被数学界普遍接受，但他当时并没有意识到拟共形映射会在他以后的工作中起到重要作用。另外，他在该文中还提出了“圆盘定理”，其特殊形式即为当今复解析动力系统教科书中的“阿尔福斯五岛定理”，该定理在 1968 年首次被贝克成功地发展为研究复解析动力系统的一个有力工具。

四、再创辉煌：两项重大成果

如果说，阿尔福斯荣获菲尔兹奖的系列工作受到奈望林纳的深刻影响，那么，他对拟共形映射和克莱因群的研究则充分展示了其独立开拓疆域、提出问题的数学大师风采。

1. 革新经典函数论的拟共形映射研究

拟共形映射思想来源于两个不同的方向，即对共形映射的直接推广和对椭圆型微分方程的研究。1928 年，德国复分析专家寇贝的学生格勒奇在推广皮卡定理的过程中，因发现不存在正方形到矩形且保持顶点对应的共形映射而引进了最接近于共形映射的一类新映射。阿尔福斯在 1935 年那篇著名的覆盖面论文中也邂逅了拟共形映射。同年，苏联函数论学派带头人拉夫连季耶夫在研究与空气动力学问题有关的椭圆型方程理论时，为给出其几何解释也引进了这类映射。

格勒奇的工作被泰希米勒所发展。泰希米勒在 1939 年发现了极值拟共形映射和黎曼曲面上一族全纯二次微分之间的优美且意想不到的联系，给出了研究黎曼曲面模理论的一种新方法。然而，由于泰希米勒的论文不易读懂和他的早逝，其思想并未立刻被人们所理解。

幸运的是，不久之后，阿尔福斯的工作重新确立了泰希米勒在数学中的地位。阿尔福斯曾一度围绕与闭黎曼曲面分类有关的参模理论进行研究。直接解决这一问题十分困难，一个关键步骤是需要过渡到参模空间的一个覆盖空间——泰希米勒空间上。泰希米勒的文章无疑使阿尔福斯看到了解决黎曼曲面模问题的闪亮火花，他也由此最先意识到拟共形映射应该是复分析中的本质内容和研究解析函数及黎曼曲面理论的有力工具。

阿尔福斯共发表了 20 多篇直接与拟共形映射和泰希米勒空间有关的论文。他在拟共形映射的现代几何定义、边界对应、拟共形映射的存在性定理、泰希米勒空间等方面都做出了突出贡献。下面主要论述其四篇对现代分析有广泛影响的文章。

在 1954 年发表的题为《关于拟共形映射》的论文中，阿尔福斯以格勒奇和泰希米勒的工作为基础，利用他和波尔林对共形映射所发展的极值长度理论，给出了拟共形映射几何形式的定义，严格证明了泰希米勒定理并进一步定义了泰希米勒空间；在 1956 年和波尔林再次合作发表的题为《拟共形映射下的边界对应》的论文中，则以简洁而又清晰的不等式形式给出了存在有边界对应的半平面上拟共形映射的充要条件；在 1963 年发表的《拟共形反射》中，阿尔福斯又得到了存在拟共形反射的若尔当曲线简单优美的几何特性，发现了局部单叶变为整体单叶这一纯属经典解析函数论的问题与拟共形映射理论之间的密切联系；1960 年，阿尔福斯和博斯还合作发表了题为《变量距离的黎曼映射定理》的论文，得出了“如果复特征依赖于参数 t，t 可以是实数或复数，则以 μ 为复特征的规范拟共形映射同样依赖于 t”的重要结论。上述结果都导致了进一步的研究和各种应用。

阿尔福斯的工作使得拟共形映射理论成为数学研究的主流。黎曼曲面论中的模空间、黎曼曲面的变形等以前不能解决的问题及一些重要概念的基本性质都因这一新工具的引入而得以解决或变得更加清楚；拟共形映射不仅已渗透到经典函数论中，而且与复动力系统及三维流形的几何与拓扑等其他数学分支也建立了密切联系；它在调和分析和弹性等方面也已成为一个有价值的工具。

2. 振兴克莱因群研究领域的有限生成定理

克莱因群是伴随着微分方程的研究而产生的一个数学概念。在欧拉、高斯、布里奥、布凯和黎曼等人工作的基础上，富克斯自1865年始，把微分方程的整个理论移植到复函数论领域上并建立了线性微分方程的富克斯理论。庞加莱受到该理论的吸引而注意到克莱因关于自守函数的工作，于19世纪80年代发明了比椭圆模函数更为普遍的富克斯函数。1883年，庞加莱又把与富克斯函数相对应的富克斯群从实系数扩充到复系数的情形，得到了一类更为广泛的新的分式线性变换群，并把这种群命名为克莱因群。庞加莱还曾试图从作用于双曲二维空间扩充到作用于双曲三维空间、以处理富克斯群的方式来类似地处理克莱因群，但没有成功。富克斯群因与经典的函数论、二维拓扑和几何的密切联系很快成为数学中有广泛应用的深刻理论。相对而言，对克莱因群的研究则发展缓慢且几近沉寂。

1964年，阿尔福斯发表的题为《有限生成克莱因群》的论文标志着这个研究领域迎来新生。文中，阿尔福斯给出了著名的有限生成定理：如果克莱因群是有限生成的，那么商流形是一个有穷型的黎曼曲面的有穷和。这是克莱因群理论发展的新起点，在克莱因群的现代研究中，有很多成果都以这个定理为基础。阿尔福斯的这个定理是通过与已知的富克斯群有限定理的类比而得到的。阿尔福斯利用深刻的分析方法，通过概念和技术上的改进，把博斯为研究富克斯群所引入的、曾被艾彻用来解决数论问题的艾彻上同调这一数学工具推广到了克莱因群上。尽管阿尔福斯有限定理的证明没有直接应用拟共形映射，但若没有拟共形映射和泰希米勒理论，证明是不能被开展的。拟共形映射不仅是研究黎曼曲面，而且也是研究不连续群的一个特别有价值的工具。

沿着阿尔福斯的路线，博斯在 1967 年弥补了阿尔福斯有限性定理证明中的一个漏洞，推广并得到了该定理的定量形式即博斯面积定理。而在 1969 年《有限生成克莱因群的结构》中，阿尔福斯又证明了艾彻上同调群的维数可被表示成艾彻积分与自守形式空间的维数的和，博斯面积定理可从这个主定理推出。另外，博斯的学生克拉在 1969 年把有限性定理变成了优美的上同调理论。而阿尔福斯的学生马登在 1974 年则沿袭了庞加莱的路线，对阿尔福斯有限性定理和博斯不等式给出了一个拓扑分析。为把这些结果推广到更一般的情形，马登还提出了“马登驯顺猜想”。

克莱因群的诞生至今已有百年历史，是阿尔福斯开启了克莱因群现代理论的研究。在 20 世纪 60 年代，阿尔福斯 - 博斯学派主要是按照克莱因群在黎曼球上的作用，利用解析法来研究克莱因群。20 世纪 70 年代，瑟斯顿采用拓扑学的观点重新革新了该研究领域，使得利用三维拓扑研究克莱因群成为一个前沿方法并形成了一个很活跃的学派。近年，随着菲尔兹奖获得者麦克马伦和他的学生布洛克分别在 1991 年和 2003 年对博斯密度猜想、菲尔兹奖得主瑟斯顿的学生闵斯基和卡奈瑞等分别在 2003 年及 2005 年对瑟斯顿终端迭片结构猜想、菲尔兹奖获得者弗里德曼的学生阿戈尔等在 2004 年对马登驯顺猜想的证明，克莱因群的研究取得了突破性进展。这些工作同时也使得对所有双曲三维流形进行一个完全的几何分类成为可能。除此之外，克莱因群的理论在其他方向也得到了发展，并被推广到了多维的情形。

五、追求卓越：一代名师

阿尔福斯具有深邃的洞察力和用最简洁的语言表达重要结果的非凡能力，他给出的许多定理凝练而又深刻，形式极为优美。阿尔福斯一生共发表了 100 多篇数学论文，这些“少而精”的文章连同他本人的评论，都收集在 1982 年出版的阿尔福斯论文集中。作为著名的数学家兼教育家，阿尔福斯还为学生编著了不少优秀教材。他的《复分析》先后被印刷三次。该书通过系统地应用拓扑技术填补了以前解析函数不能充分使用拓扑工具的缺陷，因重点突出、方法多变、内容新颖而备受推崇，一直被确定为学习复变函数理论的优秀教材。《拟共形映射讲义》首次出版于 1966 年，很快得到认可，俄文版翻译随即在 1969 年出现。这本书的出版，使得博斯、加德纳和克拉放弃了他们准备写拟共形映射和泰希米勒空间著作的计划。另外，阿尔福斯在 1973 年还出版了《共形不变量》。这部著作选题比较随意，主要强调了对复分析专业的学生独立开始研究之前应该知道的古典的和准古典的成果，反映了作者对几何方法的偏爱。因上述具有重要连续性成果及重要研究典范的三部著作，阿尔福斯在 1982 年荣获美国数学会的斯蒂尔著述奖。

阿尔福斯很喜欢教书，他认为教书与做数学不同，因为有些所教科目是别人做的而不是自己做出来的，必须从不同的角度来思考它，还得考虑学生需要学会什么以及如何对他们讲授。阿尔福斯在哈佛大学主要开设复分析课程，很多大学生听过他的课。在他们眼里，阿尔福斯是一位讲课思路清晰、能把分析和几何组织起来去透彻地解决复杂问题并能耐心为他们答疑的温文尔雅且具有很高威信与威望的教师。阿尔福斯为美国和芬兰培养了一大批复变函数论专家。他指导了 20 多名博士生、几乎同样多的博士后及许多同行学者，拥有在自己专业或其他专业方向领军的出色学生令他感到欣慰。诸如分别毕业于 1948 年、1955 年和 1962 年的詹金斯、奥瑟曼和马登等都是著名大学的名誉教授或教授。海哈尔虽不是阿尔福斯的学生，但从高中就得益于阿尔福斯的教导，同时被聘为两所大学的教授。在众多学生及数学界人士看来，阿尔福斯无愧是他们的楷模和良师。作为导师，阿尔福斯对与研究生会面非常重视，他的每周一次的研讨班令人难忘，研究生们经常是对某一专题进行讨论或听阿尔福斯做报告。阿尔福斯总是把他详细的手稿、最新的论文给学生阅读，并鼓励他们多看经典著作。他指导学生的风格是“热心但从不干涉”，他“追求卓越，总是不断提高目标以促进所指导的人成才”。阿尔福斯是个缄默而又慈善的人，为人处世非常谦和，对人客观而公正，很有亲和力。参加阿尔福斯在家里举行的酒会是同事们非常愉快的一件事。

六、成功溯源——外因与内因的珠联璧合

菲尔兹奖和沃尔夫奖是数学界两大最高国际奖项。一位数学家

能够获得其中之一已是凤毛麟角，遑论二者兼得！毫无疑问，阿尔福斯是一位数学奇才。然而，阿尔福斯的成功绝不是偶然的，这其中既有丰富的历史背景，又包含着阿尔福斯个人的才识。

首先，扎根于芬兰这片在函数论方面有着良好积淀的沃土，师承名师是阿尔福斯获得成功的原因之一。

早在1857年至1874年，林德勒夫的父亲L.林德勒夫担任赫尔辛基大学数学系教授时，就已经开始把先进的法国函数论移植到了芬兰。随后，在1877年至1881年，继任的瑞典数学家米塔－列夫勒又发展了魏尔斯特拉斯的解析函数和椭圆函数理论及单复变函数论，并在1882年利用妻子所继承的一大笔财产创办了具有国际影响的数学杂志《数学学报》。《数学学报》无疑直接促进了包括芬兰数学在内的整个斯堪的纳维亚数学与国际数学的接轨，阿尔福斯曾先后在上面发表了6篇代表他学术思想的重要论文。米塔－列夫勒在世时还部分实现了建立米塔－列夫勒研究所的计划。

1903年，林德勒夫当选为赫尔辛基大学数学教授。林德勒夫深受柯西著作的影响，主要从事解析函数论研究，涉及整函数、解析开拓和共形映射等方向。作为当时整个芬兰的大学里唯一的一位数学教授，林德勒夫把其职业生涯的后半生完全献给了数学教育事业。经过几代人的努力，在阿尔福斯迈进大学的20世纪20年代，芬兰函数论学派已开始崛起并得到国际认可。

阿尔福斯直接受益于他一生中最好的两位老师——数学大师林德勒夫和奈望林纳的言传身教与悉心指点。林德勒夫不赞成阿尔福斯提前学习更高深的知识，他要求阿尔福斯参加所有预修课程的考试，强调必须打好坚实而又宽广的数学基础。林德勒夫经常在周六的早上八点叫阿尔福斯到家里去以便单独指导，阿尔福斯也经常因自己学得好坏而受到老师的表扬或者是训斥。另外，林德勒夫还说服了阿尔福斯的父亲同意儿子追随奈望林纳访学。

奈望林纳是林德勒夫的博士生，其工作主要涉及插值与单叶函数、函数论的一般原理和亚纯函数理论三个领域。奈望林纳因在1925年发表亚纯函数值分布理论基本定理而闻名，该定理被外尔盛赞为“20世纪少有的伟大事件之一”。正是奈望林纳在苏黎世的报告给了阿尔福斯全新的感受，使他开始理解数学是什么，同时也意识到应该去做数学而不仅仅是学会数学。阿尔福斯的博士论文就是在奈望林纳的指导下完成的。奈望林纳把阿尔福斯迅速地带到了数学研究的前沿，他的思想和成就也影响了阿尔福斯荣获菲尔兹奖的工作和所有相关研究。

其次，广泛的国际学术交流和良好的协作精神也是阿尔福斯获得成功的重要因素。

走出国门显然极大地拓展了阿尔福斯的视野。例如1928年的苏黎世之行使阿尔福斯从欧洲边缘走向欧洲中心；1930年到慕尼黑拜访卡拉西奥多里时，从布尔巴基成员波塞尔处得知的格勒奇所考虑的一类新极值问题，后来被发展成为拟共形映射理论的一部分。在外访学还使得阿尔福斯认识了数学界的许多领军人物，如推选1936年两名获奖者的菲尔兹奖章委员会成员卡拉西奥多里和伯克霍夫。

阿尔福斯不是孤军奋战，他还有诸如波尔林和博斯等非凡的合作伙伴及众多出色的学生。他对极值长度理论、拟共形映射、克莱因群等领域的研究也因他们优异的工作而得到了更好的发展和完善。事实上，在 1929 年，瑞典的波尔林也独立地证明了当儒瓦猜想，但波尔林的博士论文直到 1933 年才出版。阿尔福斯和波尔林在 1934 年的一次数学大会上相识并成为好友。时任米塔－列夫勒研究所的第一任所长卡勒曼偶尔也邀请阿尔福斯到研究所做短期访问，阿尔福斯每次都顺便拜访在乌普萨拉大学任教的波尔林，这无形中也进一步加深了他们之间的友谊。

阿尔福斯和波尔林开始各自独立而后又在 20 世纪 40 年代合作发展了现称为“极值长度”的思想，这个思想的源头即为阿尔福斯证明当儒瓦猜想时所使用的“长度－面积原理”。1950 年他们合作完成了一篇包含极值长度方法最终陈述的、题为《共形不变量和函数论的零集》的论文。该文自发表后很长一段时间内他引次数一直居于复分析论文的首位。极值长度反映了平面域内的某个曲线族长度和域的面积之间的关系，具有重要性质。极值长度理论至今仍是处理传统的函数论、高维拟共形和拟正则映射的最有力的工具。

除了波尔林，阿尔福斯的另一位重要合作者是博斯。1949 年至 1951 年在普林斯顿高等研究院期间，博斯对拉夫连季耶夫论文中一个没有给出证明的不等式很感兴趣。巧合的是，阿尔福斯刚好来普林斯顿做关于拟共形映射的学术报告并证明了该定理。基于拟共形映射这一领域本身的吸引力和阿尔福斯的鼓舞，博斯于 1950 年左右从偏微分方程领域进入到拟共形映射领域，并于 1964 年至 1965 年又跟随阿尔福斯一起转向了克莱因群的研究，从而开始了他最富有成果的学术岁月。

阿尔福斯与博斯总是同时而又独立地进行着本质上非常接近的学术研究，其周围聚集了来自世界各地包括他们的学生及朋友或同事在内的许多成员，形成了著名的“阿尔福斯—博斯家庭”。他们的工作已经建立了与许多其他数学分支的联系，诸如代数几何、动力系统、拓扑、几何群论、数学物理和数论等。有关阿尔福斯和博斯数学传统的学术会议目前已举办多届。这样一个以学术权威为核心的科学家团体，对阿尔福斯一流研究成果的接受、发展与传播显然有着很大的促进作用。

另外，阿尔福斯刚满 29 岁便获菲尔兹奖，从科学社会学的优势累积效应理论来看，这一荣誉的较早到来对他以后事业的再度辉煌也大有裨益。

一切外因只能通过内因而起作用。如果说上述原因是阿尔福斯获得成功的外在因素，那么他之所以能解决已有重要问题并不断开拓出数学研究的新领域，与其自身的内在因素更是密不可分。

首先，阿尔福斯深刻的洞察力和感悟力是他引领复分析发展潮流的主要因素之一。正如阿尔福斯所说，数学的现代工具很有力，我们可以用分布论、弱导数、算子理论、半群、拓扑不动点理论及一些精巧的小工具。对实质问题来说这些方法是有用的，但如果我们没有必要的先验估计，就不会产生任何结果，为了发现这些估计，我们必须依靠自发的创造力。例如，阿尔福斯第一个意识到施瓦兹引理实际上是一个关于曲率的不等式，并于1938年发表了题为《施瓦兹引理之推广》的一篇短文，该文在数学中产生的深远影响已超出阿尔福斯自己的预料。阿尔福斯型的反映全纯映射的度量性质与曲率关系的施瓦兹引理，以及他对布洛赫常数问题的研究，在陈省身、丘成桐、陆启铿、邦克等人的推广与发展下，正以最美妙、最出人意料的新方式继续结出丰硕的果实；而阿尔福斯1941年发表的题为《亚纯曲线论》的论文，经20世纪60年代陈省身与博特、20世纪70年代卡尔森与其导师格里菲斯的相继发展，也已呈现出一片繁荣景象。

其次，阿尔福斯注重引入创新思想方法，善于做知识和方法的迁移。阿尔福斯之前的值分布论研究大都沿袭了解析传统，因方法的局限性很难再进一步深化，阿尔福斯独辟蹊径，把自己娴熟的几何拓扑方法引进值分布论，开创了推广这一理论的一种新方法并极大地推进了原有工作的进展。而且，阿尔福斯对奈望林纳理论的各种几何处理也使得后来的许多高维推广成为可能。拟共形映射这一崭新工具的引入，不仅给黎曼曲面参模问题的解决带来转机，还最终不可避免地发展成为一门旺盛的数学学科。而复分析方法在克莱因群中的灵活运用，又使庞加莱当时难以实现的、用三维拓扑方法研究克莱因群的计划走出困境。

再次，阿尔福斯的成功当然也离不开他的勤奋与毅力，对数学的兴趣与爱好、专注与执着。在阿尔福斯看来，研究数学是一个复杂的过程，发现问题、找到思想、寻找逻辑联系、使问题成稿都是艰巨的工作，并且还需不断修正错误，年龄越大，越感到数学难做，唯有抓住一切时间。阿尔福斯是一位自律的数学家，总是时刻不停地思考数学问题。生命不息，奋斗不止，是阿尔福斯学术生涯的真实写照。

（作者：孙庆华　马来平　包芳勋）

弗兰克·拉姆齐

名冠数学理论的哲人

弗兰克·拉姆齐

（Frank Plumpton Ramsey，1903—1930）

在我们这个“著名”人物成堆的世界里，弗兰克·拉姆齐真是一个默默无闻的人。像他这样短命的天才，本来是难以在学术界有一席之地的。可是近些年，他的名声忽然大起来了。首先是在数学领域中，出现了所谓“拉姆齐理论”，它在离散数学中处于某种核心的地位。与其他十分专门的理论不同，它和数学许多分支关系密切——从数理逻辑到泛函分析都涉及拉姆齐理论。1998 年 8 月在柏林召开的 20 世纪最后一届国际数学家大会上，荣获国际数学最重要奖项——菲尔兹奖的英国数学家高尔斯，对于巴拿赫在 60 多年前留下的许多经典问题取得了令人想不到的突破，而他的工具之一就是拉姆齐理论，这也许给人留下一点印象。不过重要的是，它是以人的名字命名的数学理论，这可大不一样。要知道，数学的理论有几百个，大都是以研究对象来命名的。例如数论（数的理论）、群论（群的理论）、集合论、测度论、位势理论、遍历理论（这两个数学理论都是从物理问题衍生出来的）、鞅论、复杂性理论（这两个理论完全是数学家自己发明的）等，而其中以人命名的理论只不过一二十个，并且难以归结成某种对象的理论只有区区几种，最著名的就是三大理论：伽罗瓦理论、拉姆齐理论和莫尔斯理论。有意思的是，他们的理论是不能简化成“论”的，只有本文才是介绍拉姆齐的生平和工作的拉姆齐论。

如果拉姆齐只是一位短命的数学家，这篇拉姆齐论也就很难做下去了。拉姆齐要比以前的天才幸运，在他去世之后不久（甚至在他生前），他的大名已经出现在当时一些顶尖大师的著作之中，罗素、摩尔、J. M. 凯恩斯、维特根斯坦都称赞他是天才。他的同窗好友布雷斯韦特就把他的著作编辑成文集《数学基础和其他逻辑论文》于 1931 年出版。他的数学著作也早在 20 世纪 30 年代被当时的大数学家、在英国的爱尔多斯看到，并且命名为拉姆齐理论加以传播。很快，拉姆齐数、拉姆齐定理等名称也不胫而走。

一、书香门第

对于英国人，民族和宗教问题比我们想象的要复杂。大不列颠和北爱尔兰联合王国的臣民，除非他们是英格兰人，否则决不愿意被称为英国人。除了英格兰人是盎格鲁－撒克逊人后裔，另外三个民族——苏格兰人、爱尔兰人和威尔士人都来源于凯尔特族，其语言——盖尔语等至今仍有不少人会讲。拉姆齐这个姓就来自苏格兰和爱尔兰的家族，由于拼写方法的演变，到 18 世纪分成拉姆塞（Ramsay）和拉姆齐（Ramsey），其实，它们的发音完全一样，我们为了方便才在译名上加以区别。

这两个姓都出过大人物，特别是英美。两位荣获诺贝尔奖，其中一位就是与瑞利一起最先发现惰性气体的 W. 拉姆塞，他陆续发现氦、氖、氩、氪、氙，而且最先测量放射性惰性气体氡的原子量，为此，他获得 1904 年诺贝尔化学奖。另一个 A. 拉姆塞是著名地质学家。他们都是苏格兰人。而 1989 年获得诺贝尔物理学奖的

G. N. 拉姆齐则是美国人，可能是爱尔兰人后裔，同我们的主人公相同。

我们的主人公弗兰克·拉姆齐的家庭中出过的最显赫的人物不是他，而是他的弟弟——迈克尔·拉姆齐，他的名声同英国首相不相上下，因为他在 1961 年到 1974 年任坎特伯雷大主教，这是英国国教会——圣公会的第一把手，在英国的地位相当于天主教的教皇。

坎特伯雷大主教从 19 世纪中期起就有两个特点：一是家庭出身，不是祖父辈就是父辈也是牧师；二是学业，他们读的大学不是牛津，就是剑桥。对于拉姆齐兄弟，这两点恰巧都满足。但是，事情并不那么简单。令人难以想象的是，他们的祖父和父亲都是非国教信徒。

我们不太分得清国外宗教的各种教派，可是对于英国人来讲，这绝对是头等大事。北爱尔兰居民同样是爱尔兰人，却因信奉新教和天主教打得一塌糊涂。这都来源于 16 世纪到 17 世纪的宗教改革，整整一个世纪因信仰而斗争，血流成河。只是由于宗教宽容逐步得到实现，科学也慢慢得到发展，学术空气也相对自由，甚至拉姆齐一家都可以有着不同的信仰，而这在以前是根本不可想象的。

英国的宗教改革不同于欧洲大陆，它完全是英王亨利八世（1509 年至 1547 年在位）一手造成的。他先后娶了六位王后，杀掉了其中的两位，废黜了三位。英国宗教本属于天主教体系，但教皇当然就是他为所欲为的障碍，为了休掉第一位王后，亨利八世索性脱离教宗、不要教皇，国王（或女王）自己来当教会领袖，其结果就是形成英国国教会——圣公会。其后国内的一些对立教派，最著名的是清教，慢慢产生出来了。他们也受到迫害，许多人流亡北美。也有些在英国本土发展，包括拉姆齐祖父信奉的公理派，他们被称为非国教信徒。

拉姆齐的祖父就是公理派牧师，这些属于基层的牧师一般生活并不富裕，他们在一些小教堂工作，总是希望向好的地方流动。最后拉姆齐的祖父到了约克郡的杜斯伯里定居下来。拉姆齐的父亲亚瑟·斯坦利·拉姆齐就出生在这里，他天资聪颖，特别喜欢数学，而且勤奋好学，考上了剑桥大学玛格德琳学院并获得奖学金，成为家族中第一个进大学的人。他非常努力，以优异的成绩毕业。毕业后教了一段中学之后，就回到母校成为研究员，终其一生在这里搞数学教学，后来还在学院担任主任职务。他是位好的数学教师，编写了不少教科书，有些一直到 20 世纪 80 年代还在卖。对有些学生，他外表看来很厉害，但总的来说，他还是容易接近。有意思的是，他一生都坚持信公理会教派。

1901 年，他又去原来教过书的中学，在学生宿舍舍监那里，见到他的一个过去教友的妹妹阿格尼丝·威尔逊，他们相爱并于翌年结婚。长子弗兰克于 1903 年 2 月 22 日出生，次子迈克尔于 1904 年 11 月 16 日出生，他们的妹妹布里吉特生于 1906 年。

拉姆齐的外祖父也是牧师，不过却是英国国教会的牧师，教堂在林肯郡的郝布林。他有九个子女，六男三女。拉姆齐的六位舅舅都是很有教养的文化人，两位子继父业做神职人员，两位是学校教师，一位医生，一位风琴演奏家。

拉姆齐的母亲是位杰出的女性。在当时，牛津刚刚允许女性入学不久，她进入牛津大学圣休学院学习历史，而且受教于牛津历史学派一些著名的教师，其中一位后来成为学院院长。毕业后，她在一所中学教英语和历史。在结婚之前，她还出版过两本书，一本是论述散文作家兰姆的，另一本是论述大诗人布朗宁的。

在她短暂的一生中，她还是位社会活动家。在当时，争取妇女选举权运动风起云涌，她也是积极分子。她不是狂热的示威者，但积极参加公众集会，发表演说，像她这样出身背景的人还不多见。后来她成为社会主义者，积极参加工党活动和合作运动，许多社会主义思想家和政治家成为她家的客人，她的谈吐风雅有趣，演说也能吸引群众。她富有幽默感，而且能够理解别人，这些都遗传给了她的两个儿子。这位智能超群、美丽动人、富有吸引力的女性在别的女人看来，似乎太不在意衣着和外表了。她的女儿还记得她演说时穿着皱巴巴的长袜及报纸评论的标题“拉姆齐夫人——为衣衫不整而自豪”。她的家同样也装饰得很马虎，连她父亲也看不过去。

拉姆齐的父亲也是位工作狂，写书、教书，像数学一样一丝不苟，也有点干巴巴。他热爱工作的精神也都传给两个孩子，他们都追求精神上的完美。

比拉姆齐大大出名的是他的弟弟迈克尔，后来的坎特伯雷大主教。但是少年时，他面对这个天才的哥哥，总有一种自卑感。弗兰克 16 岁时就考上剑桥三一学院并获得奖学金，迈克尔十分尊敬这位比他大不到两岁的兄长，两人的关系十分亲密。1920 年夏天，全家到海滨度假，弟弟把自己信仰上的问题同哥哥谈了，因为他生长在有宗教信仰的家庭中，发现他的同窗好友竟是位无神论者。使他大吃一惊的是，他的哥哥这时已经是位无神论者，而且他的信念完全是经过深思熟虑的。弗兰克·拉姆齐讲，他不相信上帝，这种信仰不可能得到证明，没有上帝的信仰也可以过善良的一生。他认为对所有这些的判断只有通过理性。这表明拉姆齐的思想是多么成熟。也许是年轻人的一种逆反心理，弟弟完全走上另外一条路，他不但更笃信宗教，而且在 16 岁时改信英国国教会，而这使这位父亲是非国教信徒的青年走上了通向英国国教大主教的道路。父亲、母亲和哥哥并非对他没有影响，他富有宽容精神，多次去苏联和东欧各地访问，被人冠以“红色大主教”的头衔，在宗教界内部，他也是积极推动各教派团结和解的力量。

这个美满的家庭后来还是遭到了巨大的不幸。1927 年 8 月，他的父亲开着汽车带着他的母亲和他们的朋友从剑桥到斯塔姆福德去，途中，他的父亲觉得上衣使他不舒服就整理一下，没想到前面就是电线杆。拉姆齐夫人大叫“小心！”于是他猛转方向盘躲开电线杆，结果车子翻了，把他甩出去，只是肋骨骨折，没有受重伤。但是其他人都受了重伤，以夫人最重，多处骨折，身体也被压坏，当场死去。这给全家带来巨大悲痛。拉姆齐两天两夜坐在房子里一句话不说，两眼充满了泪水。

两年多之后，家庭再次遭到了不幸。我们的主人公拉姆齐患肝病于 1930 年 1 月 19 日去世，当时还不满 27 周岁。1 月中旬，他的弟弟从外地赶回在床边看护。凑巧，迈克尔在 1929 年 11 月到 1930 年 2 月之间留下了日记，其中谈到他在 10 月末来到剑桥时，感到他的哥哥思想上有了一些转变。弗兰克·拉姆齐不再接受决定论，他考虑给“自由意志”一个定义，对于弟弟讲的宗教神秘主义，也不再加以讥讽。当然，他的弟弟只关注这方面，实际上，他的思想正在发生转折。只不过天不假年，我们已无法了解这位天才的思路。

人们常说，天才不是教育出来的。但英国还是有一套方法来培养精英。除了牛津、剑桥是人才摇篮，还有几所公学是为了升学做准备的。其中温彻斯特公学是最好的一个，拉姆齐不像其他人，他没上小学，10 多岁直接上了温彻斯特公学，并在 1919 年考上剑桥大学并获得奖学金。在学期间，读书之广有口皆碑。有一次他要研究德国学术，于是，他找一本文法书，抱一本词典，只用了一个星期，就都掌握了。难怪他大学二年级就能翻译维特根斯坦的著作了。

二、剑桥精英

拉姆齐于 1920 年进入剑桥大学三一学院攻读数学，对于他，这个基础是非打不可的。本来，一个人的成就除了他的天资与勤奋，最大的影响来自时代和环境。拉姆齐当然不缺少天资和勤奋，那些顶尖的大师无一不称赞他，不过要是这样的人生活在精神空虚的文化沙漠之中，大概也无法成长。幸运的是，拉姆齐在 20 世纪 20 年代进入了剑桥，尤其是以培养数学著称的三一学院，这对他来说，真可以说是如鱼得水。

举世闻名的剑桥大学是科学家的摇篮，在这里产生过鼎鼎大名的牛顿和麦克斯韦，而在剑桥学习和工作过的诺贝尔奖获得者有六七十位（当然，除三项科学奖外，还包括文学奖、经济学奖及和平奖），这个数字远远超过除美国、英国、德国三国外任何一国的获奖数，也超过绝大多数高等学府。但是，只有这方面还不足以概括剑桥的全部优势。在19世纪至20世纪之交，这里是产生大思想家的地方，而这些思想家直接促成20世纪思想界的大革命。

说来奇怪，英国人以保守著称，剑桥也不例外，剑桥的教学也很古板，搞题海战术，可是其中的气氛却使人思想活跃。这里的奥秘其实不在课堂之内，而在课堂之外。罗素在他的《自传》中揭示了剑桥许多陈腐、守旧和可笑的形式主义，他本人在第一次世界大战期间也曾被学校开除，可是这也挡不住一代又一代的真正有独创思想的人脱颖而出。

影响20世纪的思想家出生的时间比较集中，我们以10年为一代来看，只有五代。

第一代以怀特海为代表。他本人一开始在剑桥影响并不大，但是正如他所说，他最好的学生是罗素和凯恩斯。在与罗素合作完成《数学原理》之后，他们就分道扬镳了。怀特海60多岁到了美国才成就自己的哲学伟业，可以说是大器晚成。

第二代以罗素和摩尔为代表，他们在19世纪初倡导的哲学革命贯穿整个20世纪。他们的著作在20世纪上半叶，特别在20年代的剑桥是思想界的中心话题。

第三代以凯恩斯为代表。凯恩斯革命是 20 世纪经济学最有影响的事件，虽然有人讲凯恩斯理论在 20 世纪 70 年代到 80 年代已经衰亡，但即便到了 21 世纪，凯恩斯主义仍然存在。

第四代以维特根斯坦为代表。他被公认为是 20 世纪最有影响的哲学家之一。

第五代就是以我们本文的传主拉姆齐为代表。顺便说一句，这代出生在 20 世纪初的人可以称为末代思想家，他们中有 20 世纪最后的哲学家波普尔和奎因，量子力学的缔造者海森伯、狄拉克，天才的冯·诺伊曼和哥德尔及开创布尔巴基学派的诸公，而其后的哲学家、经济学家、科学家则更多是技术专家，像上面讲的这五代人那样既有革命性的思想创新，又是博学多识的学者的情况可以说是绝无仅有了。

虽然拉姆齐在剑桥如鱼得水，但应该说，剑桥学术当时处于两大高潮之间的低潮时期，最辉煌的时期应该是第一次世界大战之前及 20 年代末之后，而拉姆齐正好夹在当中。1910 年怀特海离开剑桥，1916 年罗素因反战被开除，1919 年当时英国最好的数学家哈代也离开剑桥到牛津去，1914 年维特根斯坦回国参战，20 年代回奥地利教小学。所幸的是，凯恩斯 1919 年回剑桥，他组织一些精英形成自己的圈子，拉姆齐也在其中。他的天才很快得到各方面的赏识，二年级时就被尖子的“协会”吸收成为“使徒”。

虽说罗素不在，但罗素的数学哲学和分析哲学却如日中天，而拉姆齐正是从这里开始他的事业的。

罗素和怀特海的三大卷《数学原理》在1910年完成，分别于1910年、1912年、1913年出版，这近2000页满是符号的巨著，给他们两人带来莫大的声誉，但是十年拼搏的确使罗素产生一种“从监狱走出来的感觉”。从此之后，他逃脱到哲学的怀抱中，而1925年《数学原理》第一卷再版之后，他再也没有回到这种数理逻辑的工作之中。虽然这三卷是里程碑式的著作，而且在1930年之前是数理逻辑领域的主要参考书，却少有人读它（罗素自己讲只有6个人，3个波兰人、3个美国人）。当然也很少有人发展它，但批判它的人倒是不少，大都是根本不看就把它彻底否定了。而真正把罗素的工作沿着逻辑主义的轨道发展成一个很不错的理论的，可以说只有拉姆齐一人。

罗素在《我的哲学的发展》中多次提到拉姆齐的工作，并对他的早逝深表惋惜。许多论著往往否定罗素是位数学家，但这多是现在过分强调专业和技术的缘故。换言之，数学家不过是精通某一狭窄分支的技师甚至工匠。从这个意义上来讲，罗素的确并非训练有素，他不如怀特海，更不如拉姆齐。拉姆齐是位天才，他从训练有素来讲首先是数学家，其次才是哲学家，在这方面他恰巧弥补了罗素的不足。拉姆齐能力非常强，而且有批判精神，但他不像维特根斯坦，一棍子把罗素的理论打死，而是尽力设法把这个理论修补好，当然逻辑主义理论固有的毛病也许是无法修补的。

拉姆齐对数理逻辑的贡献可从以下四个方面来讲：

1. 他明确区分开逻辑悖论（集合论悖论）和语义悖论，虽然皮亚诺也隐含有同样想法，但罗素始终没有仔细地区别。在他1908年著名的《以类型论为基础的数学逻辑》的论文中，他提到了个悖论顺序如下：

（1）说谎者悖论；

（2）罗素自己的悖论；

（3）关系悖论；

（4）培里悖论；

（5）最小不可定义序数悖论；

（6）理夏尔悖论；

（7）布拉里、福蒂悖论。

并指出它们的矛盾都涉及“所有”：所有命题、所有类、所有关系、所有名称、所有定义、所有序数等。从这点出发，罗素建立了自己的分支类型论，而拉姆齐则明确指出其间的区别。

2. 罗素建立分支类型论，而拉姆齐指出逻辑悖论只需简单类型论即可消除而无须分支类型论。

3. 罗素建立可约化公理，拉姆齐认为不妥，完全可以消除掉。

4. 罗素在《数学原理》第二版中声称，拉姆齐是第二版的主要修订者，他还写了一些附录。

除对罗素的系统进行改进外，拉姆齐还参与介绍和论战，他不仅批判直觉主义，也批判形式主义，而他关于数理逻辑最后一篇论文则直接导致拉姆齐理论的建立。但是，他没有活着看到哥德尔的革命。不过，在他生命的最后几年，数学哲学和哲学方面都有变化，即分别倾向于直觉主义和实用主义。遗憾的是，天公不作美，他已无法完成自己思想的转变。

三、主观概率的首创者

在我们这个不确定的世界里，概率这个不确定性的度量已经由后台走到前台，进入寻常百姓家了。明显的是，气象预报总是要提到降水的概率，例如明天白天降水概率60%，这事好像大家都明白，可是仔细推敲起来却越来越糊涂。表面上是有 60% 的可能性下雨，可是下不下雨马上就清楚了。说到下雨，还有雨量大小的问题，或者更精确地讲 60% 的时间下雨或者 60% 的地方下雨，因此说不说 60% 到底有没有意思？对于老百姓来讲，也许出行带不带伞取决于这个神秘的概率。不过我们也常上当，带了伞的时候可能雨一点没下，而报降水概率 10% 或 20% 甚至没雨，不带伞却可能真赶上一阵大雨。因此“什么是概率”一直是科学家和哲学家研究的课题。顺便说一下，归纳问题是哲学中认识论的首要问题之一，它明显涉及概率，拉普拉斯决定论也涉及概率。因此，概率的数学理论是近代科学革命时同力学一起问世的。不过由于它不光彩的赌场出身，300 年来在科学发展中始终是微不足道的角色。牛顿－拉普拉斯决定论或确定论的世界观始终在人们的心目中占有主导地位，并成为科学模式的典范。

到了 20 世纪，不确定性成为主导力量，不仅描述微观世界的量子力学有着测不准原理，直译就是不确定性原理，而且确定系统中也存在不确定性——浑沌。数学家从来是先知先觉的，他们早就对概率问题进行推敲。希尔伯特在他的著名的 23 个问题中第 6 问题就明确地提出概率论的公理化。因此从 20 世纪一开始，数学家、逻辑学家、哲学家、科学家不约而同地把他们的目光集中在“概率”上面，并且取得了巨大的进展。例如把数学概率建立在测度论的基础上，并在 1933 年成功地使概率论公理化。不过概率的哲学基础却始终聚讼纷纭，莫衷一是。说来也比较简单，这就是占统治地位的客观概率理论——频率论具有前面所说的困难。而拉姆齐则是第一个从根本上推翻客观概率论，明确提出主观概率的人。用一句话来讲：概率是人的主观信念的量度。在这个问题上，他又同 20 世纪另一位大思想家——凯恩斯有着意想不到的关系。

说到凯恩斯，稍有文化的人都知道他是 20 世纪顶尖的经济学家，就跟爱因斯坦是 20 世纪顶尖物理学家一样，这点几乎是公认的，不管一个人是否赞成他的经济学观点。不过经济学不是物理学，这样说未免武断一些。不过，他达到了那么高的水平，连竞争者都很难找到。

显然这不是笔者个人的意见。美国 1999 年《时代》周刊选出 20 世纪最有影响的 100（多）位人物，分成五种类型，其中以思想影响世界发展的 20 人中，包括哲学家、科学家、经济学家、发明家、技术创新者和环保倡导者等各色人物，其中哲学家只有 1 位，就是维特根斯坦。在他的介绍之后，加上一个框栏介绍罗素。经济学家也只有 1 位，那就是凯恩斯。这里着重谈的，倒不是他的经济学，而是他作为一个完完全全的剑桥才子，是博学多才的人，是只有在剑桥那样少数地方才能孕育出的人物。

也许我们能从罗素和凯恩斯身上看出点什么不平常的地方。

1883 年 6 月 5 日，凯恩斯出生在剑桥的“书香门第”，这点几乎和拉姆齐一模一样。由于凯恩斯的名气太大，多少把他父亲盖过去了。实际上，他的父亲约翰·内维尔·凯恩斯是剑桥大学的逻辑学家和经济学家，他的地位从当时剑桥最伟大的经济学家马歇尔对他的敬重就可以看出。在小凯恩斯出生那年，他被任命为伦敦地区主考官，马歇尔祝贺他时说：“如果要让我从英国挑选一个最称心如意的人担此重任，我就要挑选你。”

而他杰出的儿子可以说是天生的经济学家。1888 年梅纳德·凯恩斯年方四岁半，人家问他什么叫利息的时候，他说：“如果我借给你半个便士，而且你借了很长时间，那你就得在还我那半便士时另外再加一便士，这就是利息。”

6 岁时，他就对自己的大脑很感兴趣，这让他父亲高兴之极。凯恩斯自幼兴趣广泛，博学多才，阅读面极广。14 岁进入著名的伊顿公学，成绩优异，特别是数学成绩优异。1902 年进入剑桥大学，主修数学，1905 年毕业。有了如此好的数学基础后，他继续在剑桥大学学习经济学。当时正是以马歇尔为代表的新古典主义经济学的全盛时期，大环境促使他转向研究经济学。但是，作为一位伟大的特立独行的思想家，他不是那种跟在别人后面亦步亦趋的人，他对哲学的基本理论问题十分感兴趣。从 1906 年到 1911 年，凯恩斯将全部业余时间都投入概率论的研究，并且同他著名的前辈怀特海、罗素和摩尔进行讨论。1909 年他被选为剑桥大学国王学院研究员，一直到去世。而拉姆齐在 1924 年也是国王学院的研究员，他们因此有相当多的接触，特别如后面所述在同维特根斯坦有关的事务上。

在概率论方面，凯恩斯进行了广泛的阅读，不断扩充自己的理论，最终于 1911 年撰写出来他那著名的《概率论》，这是他早期最重要的著作。他在哲学方面特别是数学方法的运用上受到许多人的称赞。遗憾的是，由于 1912 年起他忙于其他事务，这本著作一直拖到十年之后才出版。这期间最重大的事件就是第一次世界大战。大战一打响，凯恩斯就到英国财政部任职。1919 年他参加巴黎和会，这次会议成为榨取德国的分赃会议。凯恩斯以他的远见卓识坚决反对这种做法。他既得罪了上司，也不能得到多数具有民族主义情绪的英国人的理解。他无法扭转局势朝坏的方向发展，只能离开公职回到剑桥。于是他重新修改《概率论》，并且在 1921 年出版。

《概率论》的出版得到学术界的好评。罗素的评论充满赞美之词，另外一些评论也表示赞许，还有不少人沿着凯恩斯的方向继续研究。但是，这种著作免不了受到另一些人的攻击，尤其是素与剑桥不对付的牛津大学逻辑学家约瑟夫对它进行恶意攻击，实际上矛头是指向罗素。凯恩斯对约瑟夫的批评十分气愤，想把他批驳得体无完肤。怀特海劝阻他说，约瑟夫的文章无关紧要，不值得花费力气，他说“约瑟夫是个傻瓜”，这样凯恩斯把自己的精力用在经济学的研究上。

不过从另一方面来的批评却的确引起凯恩斯的不安。而这个批评则来自不满 20 岁的大学生拉姆齐。

凯恩斯的概率论“深受 W. E. 约翰逊、G. E. 摩尔和伯特兰 · 罗素等人的影响”。罗素在他的最后的哲学巨著《人类的知识》中，在讨论概率的第五部分专门有一章讨论凯恩斯的概率论。凯恩斯反对频率理论这点同拉姆齐是一致的，但是拉姆齐批评凯恩斯，最主要的一点就是反对凯恩斯认为概率是不能用数值来度量的。正如凯恩斯的权威传记作者所讲："拉姆齐将入木三分的智慧之光投射到一切问题的本质之上。"他引用后来拉姆齐在 1926 年写的论文说它"体现了高超的智慧和优美的风格，其思维过程一泻千里……"，无怪乎凯恩斯对于这位比他小 20 岁的晚辈如此注意。凯恩斯的确能从 18 岁学生的论文看出他是一个天才。

拉姆齐的主观概率理论很长时间没有得到重视，一直到 30 年以后才被美国的统计学家塞维治系统地发展，成为向经典统计学挑战的异端。1950 年之前，概率论和数理统计得到辉煌的发展，依据频率理论把数学概率建立在测度论的基础上。正是由于主观概率的引入，发展成著名的贝叶斯统计，有着广泛的应用。追根溯源，实得力于拉姆齐。现在从历史上研究主观概率、哲学的概念很早，由凯恩斯及卡尔纳普集其大成，但数学上主观概率及贝叶斯统计来源于杰弗瑞斯、德·芬纳蒂和拉姆齐，而塞维治集其大成。但前两人这方面最早的著作均发表在 20 世纪 30 年代，而且不是直接影响塞维治的主流。因此，拉姆齐是把主观概率由哲学变成数学的关键人物。

四、数理经济学中兴之作

虽然，近代科学黎明时期，有些大哲学家也是大数学家，如笛卡儿和莱布尼茨，可是由于学科的分化与数学技术的细化和艰难，身兼两任的人可以说比较罕见了。拉姆齐则不同，他在生前就是被公认的数学家，对他的著作研究后发现，也可以说他不折不扣是位大哲学家。由于人们的狭隘倾向，多不喜欢承认博学的天才，但是拉姆齐的经济学著作却无可辩驳地显示出他的数学能力，同时也开经济学一些分支的风气之先。这种判断并非笔者故作惊人之语。实际上，经济学最具权威的工具书《柏格拉夫经济学词典》更把他和鼎鼎大名的冯·诺伊曼相提并论。

拉姆齐和冯·诺伊曼生于同一年，都在经济学方面发表 3 篇文章，各开辟一个跨学科方向。冯·诺伊曼虽然也是英年早逝，但比起拉姆齐来，还是多活一倍——又活了 27 年，因此他能成就"十大武功"，样样名垂青史，受到各方面的肯定。他的一大成就是对策论（有人译为博弈论），本来是数学理论，现在是公认的经济学分支。1994 年诺贝尔经济学奖就授予三位对策论的专家。而拉姆齐则开辟了效用理论，而这是现代经济学的核心。

拉姆齐从大学时代起，就在以凯恩斯为中心的剑桥经济学家的环境中成长。1919 年凯恩斯离开公职，回到剑桥，形成了一个学术圈子。20 世纪 20 年代正是剑桥从马歇尔和他的接班人皮古到凯恩斯主义最终形成的过渡时期。许多后来的大经济学家都是这个圈子里的人，拉姆齐是其中的佼佼者。

著名经济学家，凯恩斯的学生，也是第一本权威的《凯恩斯传》的作者哈罗德这样描写拉姆齐：

他体格魁伟，前额宽阔，有一张充满智慧的脸，但表情朴实自然。他的性格也朴实自然、亲切善良，没有任何矫饰。他丝毫不因自己早熟或长辈对他的称赞而得意洋洋。他笑起来很美，不纵情狂笑，但笑得突如其来，真诚而激动，听起来似乎他的魁伟身躯能被笑声压倒。

他的主要兴趣集中于艰深奥妙的逻辑的领域，但他能以特别轻松的方式讨论哲学，微妙的思想凝练成简明晓畅的语句。

正是在皮古和凯恩斯的鼓励下，拉姆齐在 1926 年决定把他的数学和哲学知识运用到经济学上。正因为如此，他成就经济理论上两大领域的新突破。他写了两篇论文，其中一篇是“征税理论新论”，一篇是“储蓄的数学理论”，前者成为最优课税理论的出发点，后者成为最优储蓄的出发点。从题目上就可以知道，这两方面都是经济学中最核心的课题，它不仅有巨大的理论价值，而且直到今日也是当前经济实践中最基本的两个问题。而且最优储蓄显然是更重要的课题，我们不妨看看凯恩斯对他的工作的评论：

（这篇论文）是有史以来数理经济学最突出的贡献之一，不论在其内在的重要性和其讨论主题的难度方面，还是在所使用的专门方法的威力和漂亮方面都是如此，而且由于阐述的清晰明确，使得关心这个主题的读者都能深切感受到作者的思想。

他的储蓄理论一直到1960年才为人赶上并发展，而课税理论一直到1970年才有人开始进一步探讨。无疑，这些都奠定了他在经济学中的地位。更具体地说，拉姆齐是第一次把变分法应用于经济问题上，而且将它们与风险理论紧密联系在一起，其思想框架则是建立在现在已是经典的效用理论之上。无论是思想上还是技术上，他的两篇论文远远超过当时的时代。

五、邂逅维特根斯坦

谈到20世纪之最，正如爱因斯坦是最伟大的物理学家、哥德尔是最伟大的逻辑学家、毕加索是最伟大的艺术家、凯恩斯是最伟大的经济学家一样，不少人把维特根斯坦称为20世纪最伟大的哲学家。这自然会有异议，但加上“之一”则不失公允。不管怎样，这位大哲学家好多地方不同凡响，他生前出版的哲学著作只有一册小薄本，要是在中国肯定要下岗，要不是罗素等人举荐，他的前途真的很成问题。更严重的是，他似乎跟所有人都合不来，也许唯一的知音就是我们的传主——拉姆齐。

维特根斯坦1889年出生于奥地利钢铁大王家族，兄弟姐妹8人，他最小。不用说，这样的家族有很高的文化品位，像勃拉姆斯和马勒这样的音乐大师也是他家的座上客。

这个表面上幸福的家庭也笼罩着许多阴影，这种阴影维特根斯坦一生都没有摆脱，用他自己的话讲就是：“我的生活真是特别幸福，除了那段可恨的不幸时期。”这段不幸时期，就是他13岁到15岁期间，大哥汉斯和二哥鲁道夫相继自杀，这些已成为许多传记的主题。而他的教育也不正规，一直到 1903 年，他都在家中靠家教学习，在这方面同罗素有类似之处。他后来上学也不是很正规，经常旷课。由于他的怪癖，也同同学合不来，成绩也并不好。也许正是这种环境造就他独立学习、独立思考的品性。在任何情况下，都不使自己去适应新环境。

1903 年到 1906 年在林茨读了三年中学之后，他本打算上维也纳大学跟着统计物理大师波尔兹曼学习，没想到波尔兹曼因为某种原因于 9 月 5 日自杀。于是他到柏林技术学院学了两年机械制造，他虽然接触一些哲学家和哲学著作，但是主要还是表现出对机械的兴趣，而且似乎在这方面也颇有天赋。1908 年夏天，他到英国曼彻斯特大学注册为研究生，并从事航空器的研制开发工作。他对发动机的开发的确做出很大成就，这个崭新的领域并没有使他停下来。由于对发动机的设计引导他钻研数学，而数学又使他关注数学的基础，对数学基础的探讨使他走向数理逻辑，而在这方面罗素由于刚刚出版的《数学原理》使自己的声誉如日中天。在弗雷格的建议下，他投入罗素的门下。

罗素在他的回忆录及《自传》中都多次谈到过维特根斯坦。他问罗素自己是不是一个白痴："如果我是一个白痴，我就去做飞行员，如果不是，我就做哲学家。"罗素要他写一篇论文，罗素读了第一句就立即劝他，说他是个天才，无论如何不能做飞行员。就这样，1911 年后，维特根斯坦来到剑桥，完成了他人生的第一次也是最关键的一次大转变。

从 1912 年年初到 1913 年夏，维特根斯坦跟着罗素研究哲学，他们之间很快就有了相互影响。由于维特根斯坦的批判，罗素在 1913 年关于知识论的手稿一直没有发表，后来才收入他的全集。维特根斯坦在这期间开始考虑他的前期主要著作《逻辑哲学论》，不过罗素和摩尔尽管十分尊重他，但他们之间仍旧产生了裂痕。

1914 年 8 月第一次世界大战的炮火打响之后，维特根斯坦自愿参军。在战争期间他写下自己的思想，在 1918 年 11 月战争结束前两个月，他完成了《逻辑哲学论》，但就在战争马上结束前，他在意大利前线被俘，关在战俘营中。1919 年在战俘营中，他把《逻辑哲学论》手稿寄给罗素，不过他在 12 月中才再次见到罗素，两人进行了讨论。罗素又一次张罗其出版事宜，甚至为其写了长篇序言，但仍然进展不大，最后在 1921 年年末在奥斯特瓦尔德的《自然哲学年鉴》上首次发表，1922 年伦敦出版了精美的德英对照本，译者署名是语言学家奥格登，但实际上拉姆齐参加了全部工作。维特根斯坦对罗素的序言和英译本都很不满意，对奥斯特瓦尔德也出口不逊。《逻辑哲学论》的出版标志着维特根斯坦前期研究的结束，他以为他已解决所有的哲学问题，从而再次改变自己的生活道路。从 1919 年到 1929 年重返剑桥这十年间，他主要从事哲学以外的事，也正是在这个时期，他同拉姆齐的友谊得到了发展。

关于维特根斯坦这十年的历史记述，经常有许多错误，这里根据一些新资料再叙述一下。

在战俘营被囚禁半年多之后，1919 年 8 月维特根斯坦回到维也纳。他的父亲卡尔在 1913 年 1 月去世后留给他百万家财，但他不是送给文学家、艺术家（其中有著名诗人里尔克），就是给他的哥哥和三个姐姐。其后他一直孑然一身，过着清苦的生活。这时，他考虑去教小学，因此去读师范一年，1920 年获得教师资格证书。从 1920 年秋到 1926 年 4 月曾在几所小学任教。看来他并不顺利，最后他因为体罚学生遭到非议而辞职。而且在这期间，他还动过回剑桥的念头。

拉姆齐在翻译完《逻辑哲学论》之后，给《心》这个著名的哲学杂志（主编是摩尔）写了一篇详尽的书评，而且完全不像罗素那样客气。但是，这位刚刚 20 岁的天才希望能够更确切地理解这部格言式的著作，还是想与维特根斯坦当面谈谈。拉姆齐从大学毕业之后，在 1923 年 9 月到 10 月，第一次出国到维特根斯坦教书的偏僻山村普赫贝格拜访他。两人见面以后，可以说是逐字逐句地辩论，维特根斯坦也感到找到了知音。这次访问持续了 6 周时间，拉姆齐回到剑桥之后，两人开始有了书信交往。这时凯恩斯在剑桥担任一定的职务，维特根斯坦曾打算回剑桥，请他给予支持。凯恩斯也关心这件事，拉姆齐则穿针引线，力促维特根斯坦回剑桥。1923 年年底，这位 20 岁的年轻人给维特根斯坦写了一封信，说他要再去维也纳，这次目的主要是进行心理治疗，因为他在 1923 年年初爱上一位有夫之妇，搞得神经衰弱，精神崩溃，想试试当时还不太普及的弗洛伊德的精神分析。1924 年 3 月，拉姆齐终于来到维也纳，一直待到 10 月。这期间，他多次访问维特根斯坦，由此结下深厚的友谊。1924 年年底，维也纳学派的主将石里克也来拜访维特根斯坦，由此，维也纳学派接受罗素与维特根斯坦的思想影响，形成分析哲学的主流。在拉姆齐的撮合下，1925年夏天，维特根斯坦乘暑假之际访问剑桥等地，接待他的就是凯恩斯和拉姆齐。不过，当时他似乎又没有再回来的意思。从1926年到1928年，维特根斯坦的工作是当园丁及给他姐姐设计建造房子。这样他在维也纳接触了维也纳学派的某些个人（他从来没参加过他们的活动），并开始数学哲学的研究。尤其是1928年3月听到布劳威尔关于数学基础的演讲，他开始产生研究哲学的新冲动。于是，他决定重返剑桥。1929年年初，他回到剑桥，在凯恩斯、罗素、摩尔等人的帮助下，破例以他的《逻辑哲学论》为博士论文，被授予博士学位。但他这时已经突破原先的框架了，这一年，他与拉姆齐有大量的思想交流，这对两人都产生莫大的思想影响。维特根斯坦关于"数学基础的评注"（1956年出版）及后期的代表著作《哲学研究》的主要思想可能都来自这一时期。《哲学研究》的序言明确谈到这一点：

> 当16年前（按：1929年）我重新回到哲学思考上来时，我一开始便被迫认识到我在第一本书（按：即《逻辑哲学论》）中犯了严重错误。弗兰克·拉姆齐对我的观念所做的批评，帮助我认识到了这些错误——他对我帮助的程度到了我自己无法估量的地步。在拉姆齐生命的最后两年（按：1929年和1930年，实际上只有一年多一点儿）中，我曾同他在无数次谈话中进行了讨论。

拉姆齐在 1930 年年初，因肝病住院，维特根斯坦曾守候在病床前，直到拉姆齐去世前几个小时，他们的友谊由此可见一斑。

值得注意的是，在剑桥这些精英的帮助下，维特根斯坦先是在 1930 年取得剑桥大学三一学院研究员，期限到 1935 年后延长到 1936 年，其后在挪威待了一年，这时开始写作《哲学研究》，第一部分完稿写序言时已是 1945 年 1 月，离拉姆齐去世已 15 年了，他还是那么深切地怀念他，只是他们没法再进一步进行思想交流了。书中感谢的另外一个人是意大利经济学家斯拉法，他从 1927 年起任三一学院研究员，直到去世。

如此看来，维特根斯坦与拉姆齐之间的交往影响不是单方面的，实际上，维特根斯坦真正思想上的朋友，可能只有拉姆齐。这可从他们之间的通信看出，遗憾的是，这完全被一些学者所忽视。

拉姆齐在 1924 年 10 月回剑桥之后，立即被国王学院选为研究员。其后不久，他与贝克尔小姐结婚，他们共有两个女儿。贝克尔小姐婚前是道德科学竞试优胜者。在拉姆齐去世后开了一家人像摄影厅，在剑桥、牛津一带颇有名气。1926 年拉姆齐被任命为剑桥大学数学讲师。这五六年间，他一共写了十几篇论文，还遗留下来许多手稿，后来陆续被整理发表。

六、拉姆齐理论

拉姆齐的出发点非常奇特，看起来同数学没什么关系。任何一个集会、聚会或者宴会，参加者都是四面八方来的人，两人可能相互认识或相互不认识。拉姆齐的定理是讲，如果集会的总人数等于或超过 6 个人，那么其中至少有 3 人，或者互相都认识或者都不认识。但是如果人数少于 6 人，则这种情况就不一定出现。

有数学训练的人与没有数学训练的人之间的不同在于，前者没能把这样一个说起来模糊的问题变成为一个非常清楚的数学命题。6 个人我们可以用 6 个点来代表，而每两人之间的关系只有两种可能，两人相互认识或相互不认识。如果两人认识，我们在代表他们的这两点之间连上一条红线，如果两人不认识，则连上一条蓝线，这样对任何情况，我们就得到一个 6 个点及每两点之间共有 15 条连线的图。因此，这个定理是说：不管两点之间的连线你如何选，那么这个图中一定存在一个三角形，它的三边都是同一颜色，或都是红色，或都是蓝色。

道理很简单，如图 1，从 A 点出发有 5 条线，这 5 条线涂上两种颜色，无论怎样涂，至少有 3 条是一种颜色，其实这就是抽屉原理。假设 AB、AC、AD 三条边是红色，我们看 BC、CD、BD 这三条边，当然有这两种可能性：

一种可能是 BC、CD、BD 中有一条红边，例如 BD 是红色，那么 ABD 就是全红三角形。

另一种可能是 BC、CD、BD 中没有一条红边，那它们都是蓝边，这样一来 BCD 就是全蓝三角形。

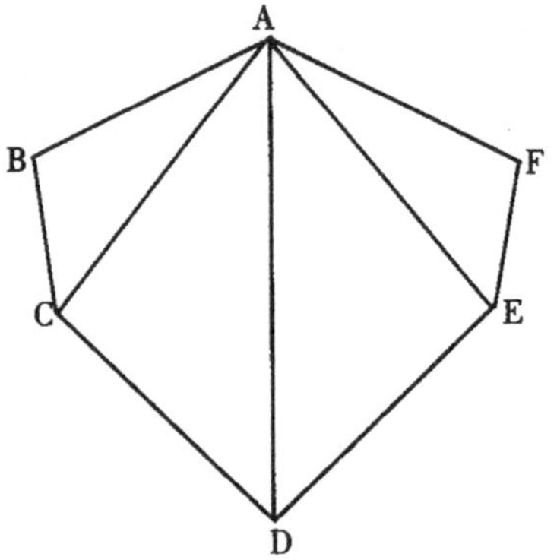

图 1

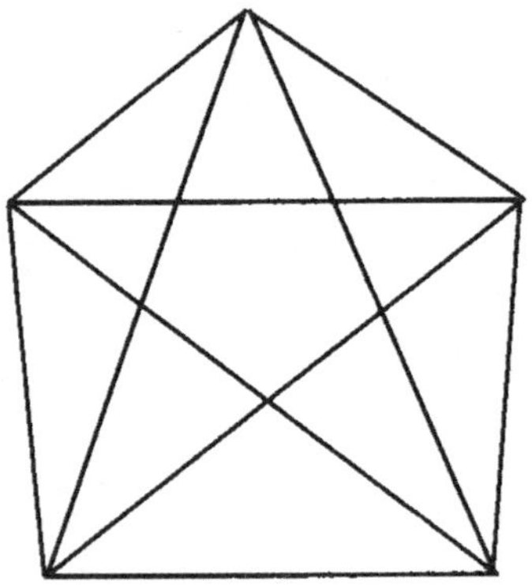

图 2

因此，不管怎么说，总有一个同一颜色的三角形。由于在我们的证明中只用到抽屉原理，所以后来拉姆齐定理也称为广义抽屉原理。不过我们还得补充两点：如果只有 5 个点或更少，拉姆齐定理不一定成立。这只要找一个图，没有同色三角形。如果图 2 中的五边形和它中间的五角星是两个颜色，那这图中就没有全色三角形。如果多于 6 个点，当然拉姆齐定理一样成立。6 就是存在同色三角形的最小数目，称为拉姆齐数，记作 r（3，3）=6。

拉姆齐定理只不过是拉姆齐理论的出发点，它已经有了许多推广，但求拉姆齐数是一个极为困难的问题。现在只知道 r（4，4）=18，也就是只有 18 人或 18 人以上的集合中才一定有 4 个人互相认识或互相不认识。时至今日，拉姆齐理论已成原数学中最热门的前沿之一。拉姆齐理论的哲学问题也是许多人的关注焦点。

（作者：胡作玄　邓明立）

麦克斯 · 戴恩

不仅仅是希尔伯特的学生

麦克斯 · 戴恩

（Max Dehn，1878—1952）

戴恩是伟大的通才数学家希尔伯特比较早的博士生，成为最早解决希尔伯特23个问题的数学家，解决了希尔伯特第3问题。他思维活跃，具有独创性，和很多数学家都保持着学术交流，如希尔伯特、阿廷、诺特、西格尔、策梅洛、海林格等等。他还是挪威科学院成员、印度数学协会会员。像这样一位平凡而又伟大的数学家，他的光辉应该照耀到更多的数学人。

一、求学问道，初涉研究

戴恩1878年11月13日出生于汉堡的一个犹太家庭，汉堡是德国第一大港口城市，被誉为“德国通往世界的大门”。戴恩还有七个兄弟姐妹，他的父亲是一位物理学家。戴恩的女儿曾经说汉堡对于他们而言永远是温暖的故乡。

三次王朝战争之后，德意志民族实现统一，统一后的德国继续发扬重视教育的传统，以科学技术为后盾，创造了经济上的辉煌。德国在仅仅三十年的时间里，由一个落后的农业国变为一个强大的工业国。德国的教育发展不仅受到政策的支持，而且建立在深厚的经济基础之上。戴恩正是在这样的社会背景下接受教育的。

戴恩从汉堡的一所中学毕业后，先去弗莱堡，后到哥廷根，真正开始了数学学习之路。哥廷根大学位于德国西北部下萨克森州的哥廷根市，是一个传统的没有围墙的大学。哥廷根市中心竖立着一座“鹅女孩”雕像，它象征对创作格林童话的格林兄弟的尊崇，这使得哥廷根具有一种迷人的童话气息。与此同时，哥廷根大学的博士生们又为它增添了一种神圣的人文气息。获得博士学位的当天，学生们会身着博士服为“鹅女孩”献花献吻，“鹅女孩”成为世界上受吻最多的女孩。戴恩 1899 年来到了这所在人文科学和自然科学上都有所长的哥廷根大学，在希尔伯特的指导下，开始了博士研究生的学习。

此时的哥廷根大学数学系正在克莱因的领导下进行着脱胎换骨的变化，秉承着数学与应用要紧密联系在一起的理念，践行着理论与实践相结合的道路。在克莱因的努力下，哥廷根大学于 1898 年成立了“哥廷根应用数学与应用物理学促进协会”。它是一个为科学研究提供经济支持的企业家组织，为哥廷根大学科学事业的发展做出了很大贡献。哥廷根大学再也不是那个偏远小镇上在柏林大学的阴影下惨淡存活的学校了。哥廷根大学现在既摒弃了柏林大学的弊端，又兼具美国大学的优势，它广聚科学事业上的才俊，成为自然科学领域蒸蒸日上的研究型大学。这里的空气充满自由，弥漫着浓厚的、严谨的学术氛围，是德国乃至欧洲无数科学学子向往的乐园。

此前，1895 年 3 月，在克莱因的举荐下，希尔伯特成为哥廷根大学的数学教授。在这些出色数学家的共同努力下，哥廷根大学发展为世界数学的中心。希尔伯特 1899 年发表了著名的《几何学基础》，将几何学建立在公理化的基础之上。戴恩跟随希尔伯特学习期间，正是希尔伯特在几何学基础方面做出突出贡献的时候。戴恩受希尔伯特的这个影响很深，对几何学保持了终生的偏爱，一生的研究中都能看到几何本质的影子，甚至是在拓扑学或者群论的研究中也不例外。

1900 年，戴恩博士毕业，博士论文题目是《三角形内角和的勒让德定理》。这篇论文以希尔伯特的公理几何学为论述基础，是戴恩在几何学方面最早的论文。

二、辗转任教，彰显才华

戴恩博士毕业后，曾经到多所大学教书，更多地体会到各个学校的学术氛围与传统。这有利于一个人的思维时刻保持活跃。戴恩凭借对问题敏锐的眼光和深刻的洞察力，以及扎实的几何学基础，做出了一系列重要工作。

1. 卡尔斯鲁厄大学与明斯特大学时期

获得博士学位后，戴恩开始在卡尔斯鲁厄大学做助教。卡尔斯鲁厄大学位于德国巴登－符腾堡州的卡尔斯鲁厄市，创建于 1825 年，是德国历史最悠久的理工大学。从整个欧洲来看，其历史也仅次于巴黎综合理工学院、捷克技术大学和维也纳技术大学。

1901 年，戴恩又成为明斯特大学的无薪讲师，也可以说是助理教授后，一直在此工作了十年。明斯特大学位于北莱茵－威斯特法伦州明斯特市，是德国著名的大学之一。这样一来，戴恩离自己的家乡汉堡就近了些。在这十年的寒来暑往中，戴恩的工作主要集中于几何学，并做出了重要研究工作。最重要的就是解决了希尔伯特第 3 问题，这也是最早获得解决的希尔伯特问题。

希尔伯特第 3 问题是一个数学基础方面的问题：给定任意两个体积相等的多面体，是否总可以将第一个多面体分为有限多个小多面体，这些小多面体重新组合后成为第二个多面体？戴恩通过一个反例，证明此问题的答案是否定的，在证明过程中给出了著名的戴恩不变量。

1900 年至 1906 年，戴恩发表的 7 篇论文，内容都是几何学方面的研究，这些研究在几何学领域占有很重要的地位。1899 年，戴恩曾研究过若尔当曲线定理，对拓扑学产生了兴趣。1907 年，戴恩有机会和希加德合作完成了关于组合拓扑基础的引进，组合拓扑在当时被称为位置分析，这是对拓扑学进行系统阐述的较早的文献之一。拓扑学家梯采很认可戴恩此项工作的意义。且不说这部著作对后来拓扑学的研究有多么大的影响，单是从梯采的评论来看，我们就能意识到它在当时的影响。对组合拓扑学基础的阐述充分体现了戴恩研究的特点，即给出某一理论可靠的、合理的、简单的基础。

戴恩继庞加莱和梯采之后，继续通过群论的知识来研究拓扑学问题。然而，历史总是让人惊叹不已，拓扑学问题的研究反过来又大大促进了无限群论的发展。他在 1910 年、1911 年、1912 年和 1914 年发表的 4 篇论文联系紧密，这 4 篇论文充满了几何学思想，同时也是无限群论，准确地说是组合群论和拓扑学上的重要文献。这几篇论文的发表不是一蹴而就的，戴恩在之前所做的关于拓扑学和群论的报告为其奠定了基础。

2. 基尔大学与布雷斯劳理工大学时期

戴恩 1911 年被聘为基尔大学的副教授，1913 年成为布雷斯劳理工大学的正教授，在此一直工作到 1921 年。1945 年德国战败，布雷斯劳作为相当重要的城市，被重新划分给波兰，它现在的名字是弗罗茨瓦夫。对于波兰人而言，布雷斯劳是回归祖国的怀抱。因为它是 1741 年被普鲁士攻占后，归入德国版图的。布雷斯劳是它的德国名字，这个名字对波兰人而言是一种耻辱，所以现在几乎不用它了。但当时布雷斯劳是德国重要的经济文化名城，市区耸立着漂亮的各式建筑。令人惋惜的是，它们大部分都毁于二战。

如何来评述戴恩这一时期的工作和生活呢？学术研究上可谓是造诣非常，取得创新性成就。生活上也迎来人生一大喜事，1912 年 8 月 23 日他和唐妮·朗道喜结连理。他们有三个孩子，一个儿子和两个女儿，儿女双全。此外，戴恩还是一个福大命大的人，1915 年至 1918 年服兵役，毫发无伤，平安归来。不管世间风雨飘摇，戴恩在这一阶段还是很幸运，也是很幸福的。德国自统一以来，国内普遍受到普鲁士军国主义传统的影响，“种族优越论”和“大德意志主义”广为传播，甚至于 1914 年挑起第一次世界大战。后来，德意志帝国随着 1918 年战败走向灭亡，魏玛共和国建立。

在此期间，戴恩最卓越的成就是将希尔伯特和庞加莱的思想统一在一起。他提出了组合群论中最重要的研究问题——戴恩问题，系统地研究方法——群的图，从而结束了组合群论散乱的研究状态，这也标志着组合群论作为一种新的数学分支被创立了。戴恩此时期的工作贯彻着几何学、拓扑学和群论的思想。学科交叉的研究成果自然对交叉的学科都有所裨益，这一特点通过戴恩在三叶组结上取得的研究成果，体现得淋漓尽致。

戴恩问题包括字问题、共轭问题和同构问题。字问题（同一性问题）指由生成元的积给出的群中的元素，是否存在一种方法，在有限步之内判定它是否为单位元。共轭问题（转换问题）指群中任意给定元 S 和 T，是否存在一种方法，在有限步之内判定它们可以转换成彼此，即是否存在群中元 U 使得 $S=UTU^{-1}$。同构问题则是说，给定两个由呈示定义的群，判定它们是否同构。戴恩在 1910 年关于曲面拓扑的报告中提到了同一性问题和转换问题。同年的稍晚些时候，他发表了题目为《三维空间拓扑》的论文，再次提到了同一性问题和转换问题。1911 年，他从组合群论的角度提出这三个问题，这三个问题后来被统称为戴恩问题。

戴恩问题的提出源自对拓扑空间的分类研究。通过基本群这个桥梁，拓扑学中的问题转化为组合群论中的问题。字问题关注的是群中一个元和特殊元——单位元之间的关系；共轭问题关注的是群中任意两个元之间的关系。同构问题则关注的是两个群中的元之间的关系。戴恩问题不仅构成了组合群论学科创立的基础，对于组合群论的长远发展，也起着不可估量的推动作用。现在组合群论领域的很多论文依然围绕着解决戴恩问题，或者简化戴恩问题的证明再进行。

此外，戴恩提出了群的图（现在通常称为凯莱图）的研究方法，它主要是用来研究群的拓扑性质和几何性质的。群的图对通过生成元和定义关系给出的群有很好的几何解释，使得呈示群更加直观形象。在群的图的提出过程中，戴恩遵循了由简单到复杂的一般研究思路，从有限群的图的研究扩展到无限群的图的研究。这一研究方法不仅使他自己得到了一些漂亮的结果，而且与1912年提出的戴恩算法一起，为小消去理论的发展奠定了基础。

戴恩在组合群论上取得的另一个重要成果是关于三叶纽结的分类研究，他利用了纽结群这一新工具，不同于以往的造表法。戴恩不仅通过射影的方法得到三叶纽结的呈示，而且提出了拓扑学中的重要引理——戴恩引理。戴恩引理表明，纽结群是阿贝尔的当且仅当纽结在三维空间与圆合痕。他还在1914年证明了左右三叶纽结是不一样的。

在基尔大学教书的时候，戴恩接收了一名优秀学生雅克布·尼尔森。尼尔森原来是另一位教授兰茨贝格的学生，但兰茨贝格在尼尔森的论文还未完成时就去世了，因此他转到戴恩名下，在戴恩的指导下继续完成毕业论文。通过戴恩，尼尔森接触到了群论和拓扑学的新思想，后来他能在这方面做出显著贡献与戴恩的指导是分不开的。1921年，尼尔森证明了有限生成的自由群的子群是自由的。群论领域的著名数学家诺埃曼这样评论尼尔森的工作：

> 尼尔森对曲面拓扑和组合群论做出了开创性工作，其在20世纪数学史上占有重要地位。他的工作不仅能引起历

史兴趣，时至今日，它们也得到了广泛引用和应用。尼尔森论文集的出版很及时，也很受欢迎。

3. 法兰克福大学时期

1921年，戴恩转到法兰克福大学纯数学与应用数学系任职教授，直到1935年，在纳粹的压力下被迫离职。这里有戴恩的知交好友，有他们共同的事业，有他引以为傲的学生。

来到法兰克福大学的第二年，戴恩开办了数学史讨论班，参加者包括系里的教师和十几名学生。戴恩在讨论班中要求大家一起学习欧几里得、阿基米德、笛卡儿和费马等大家的用希腊语、荷兰语、意大利语等写成的原始著作，这不仅对讨论班成员的语言能力是个考验，同时也要求他们有很高的数学理解能力。反过来讲，数学史讨论班的学习也促进了学生们对所学知识的理解，提高了教师们对数学经典著作的审视水平。除此之外，戴恩还经常组织他们到附近的野外徒步旅行，使得严肃的学术团体多了很多融洽和谐。

戴恩的同事西格尔在法兰克福大学50周年庆典的报告上，回忆了他们一起在法兰克福大学数学史讨论班的日子。他认为这是一个多产的、和谐的智力群体，并且是在其他任何研究院所没有见到过的。戴恩的讲课总是充满新思想，一直都是数学史讨论班的灵魂所在，他为人谦和，从不吝啬分享自己的想法。

西格尔也曾提到在戴恩的指导下完成了一系列优秀的学位论文。其中比较突出的有马格努斯、奥特－海因里希·凯勒和穆芳的学位论文。马格努斯在组合群论的早期发展中做出了重要贡献。他不仅证明了 1– 关系群的字问题是可解的，推动了字问题的研究，而且对组合群论的传播发展影响深远。凯勒的成就在于，不仅证明了低维情况下的闵可夫斯基猜想，而且在 1930 年由此引出凯勒猜想，即在维空间的每一个平铺 I^N+Z 中都有共面对。穆芳的贡献主要在几何学基础和非结合代数上，像穆芳平面、穆芳环和穆芳 – 李代数都是以她的名字命名的。

除了戴恩领导的数学史讨论班和他指导的一些优秀论文，戴恩在这一时期比较重要的工作是在 1926 年与他人合作出版了《几何学基础》一书。在写作过程中，他非常重视几何学思想。这一著作在 50 年之后，于 1976 年进行了再版。

1933 年，希特勒纳粹上台，开始了对犹太人的各种残酷迫害。很多犹太人都不允许在学校任职。戴恩在一战期间服过兵役，所以他还能继续留在学校教书。他在法兰克福大学的同事海林格和西格尔也是如此。但是到了 1935 年秋天，即使曾经服过兵役也是无关紧要的了，他们都先后被迫辞职，离开了法兰克福大学。戴恩、西格尔、海林格和艾泼斯坦曾经都是数学史讨论班的重要成员。艾泼斯坦也是一位犹太人，因其在数论上的工作而出名。1939 年接到纳粹秘密警察的传唤后，由于担心被残害，服用了致命剂量的安眠药自杀身亡。

法兰克福数学史讨论班开办了 13 个年头，最终在纳粹对犹太人的迫害下被迫关闭。犹太数学家们也在命运的十字路口徘徊。戴恩经过较长时间的考虑和抉择，最后辗转逃往美国。

三、逃亡美国，安度晚年

1. 无奈抉择，离故土

纳粹统治下，最初戴恩虽然离开了法兰克福大学，但是依然在法兰克福生活。也许是出于安全考虑，父母对子女的安全总是很敏感，1936 年，他将三个孩子都送出德国留学，儿子去了美国，两个女儿则先后去了英国。从后来德国发生的一切来看，这是一个极其明智的选择。戴恩和他的夫人却没有移居国外，只是经常到欧洲一些国家访学交流。他们和大多数犹太人一样，都没有预料到会发生什么，都高估了法西斯的人性。一切的一切都随着 1938 年 11 月 9 日的到来而支离破碎了。

1938 年 11 月 9 日的夜晚，很多犹太人的教堂、商铺甚至住宅都被毁掉了，到处都是破碎的玻璃，就像水晶一样“熠熠发光”，人们于是将这一夜称作“水晶之夜”。约 91 名犹太人遇害，数百名重伤，3 万多名犹太人被关进集中营。戴恩也没能躲过这一劫难，由于实在没那么多地方关押这么多人，他很快被放出来了。因为害怕被再次拘押，害怕难以预知的危险，戴恩夫妇从此踏上了躲藏和逃亡的艰辛之路。当时戴恩已经 60 岁了，还要体会一无所有、背井离乡的痛苦。

戴恩夫妇首先躲到了法兰克福大学一位同事哈特那在巴特洪堡的家中。西格尔曾来这里看望过戴恩，并且与哈特那一起为戴恩庆祝了 60 岁生日。哈特那后来回忆起这段时间时，总会提到戴恩的平静。戴恩不怎么谈论当下发生的事情，而总说些数学和艺术的关系或者考古学的问题，甚至还谈及中国的儒学。这既符合戴恩广泛的兴趣爱好，也正好与哈特那趣味相投。通过哈特那的回忆，我们能再次体会到戴恩内心的平和泰然。戴恩相信当人们全神贯注地做一件事情的时候，就会远离傲慢、偏见、恐惧、仇恨和贪婪，他总会用平静、乐观对待耻辱、烦恼和危险。

在马格努斯儿子的帮助下，戴恩夫妇乘火车去往汉堡，在戴恩一个年迈的姐姐家里躲避了几个星期。后来在西格尔和戴恩之前的一个学生的帮助下，1939 年 1 月，戴恩夫妇到达丹麦的首都哥本哈根，而后很快去往挪威。戴恩在特隆赫姆的一所高等学校找到了一个临时职位，这个职位对于当时几近身无分文的戴恩夫妇来说也算是一点儿及时雨。在德国的时候，他们被迫低价出售了所有珍贵藏书和家具，运送到英国备用的家具也因为支付不了保管费而被拍卖了。1940 年 3 月 1 日之前，也就是纳粹侵占挪威之前，戴恩夫妇的生活还算安定，至少生命不会受到威胁。纳粹侵入特隆赫姆的时候，戴恩夫妇逃到了附近的乡下，战乱很快得到平息，他们才重返城市生活。直到那时，戴恩依然是一个忠诚的德国公民，他会让德国官方知道他的下落，寻求官方的允许，让他在挪威多待一段时间。无论如何，没有人保证纳粹不会再次侵入特隆赫姆，也没有人保证他们总是幸运的，所以在海林格和他之前就逃到美国的同事的帮助下，戴恩夫妇开始了去往美国的长途跋涉。海林格一开始也相信纳粹不会太过分，刚刚被迫离职的时候，他在美国的姐姐为他找好工作，希望他能尽快去美国，但他却固执地选择留在德国。当在集中营被拘押六周后，海林格才看清楚现实远比想象的更加危险，所以一获释就去往了美国。他与戴恩一样，对故土有很多留恋，对离开的选择有太多无奈。

戴恩夫妇10月下旬离开挪威，跟当时很多人的逃亡路线一样，为避开大西洋，要乘火车绕道远东，再从太平洋乘船前往美国。当他们在挪威首都奥斯陆火车站出发时，还有一群朋友为他们夫妻俩送行。不幸的是，在挪威和瑞典的边境，他们受到极不友好甚至野蛮的对待，行李也遭到守边人的洗劫和掠夺。由于路途上暴发瘟疫，他们被迫在瑞典首都斯德哥尔摩拖延了三周。到达莫斯科后，他们想要乘坐的穿越西伯利亚的火车三天后才会离开，这恰恰提供了一个好机会，使得他们有充足的时间游览这座城市，欣赏这里的歌舞剧。在穿越俄罗斯平原的旅程中，气温骤降，早已感觉不适的戴恩感染了很严重的流感。即便如此，到达海参崴（俄国人称为符拉迪沃斯托克）后，他还去参观了那里的教育研究所，很欣喜地发现那里有个不错的图书馆。随后通过艰苦的海上旅行到达日本神户，神户温和的气候对戴恩身体的恢复很有帮助，他很快就痊愈了。

历经艰辛和苦难之后，戴恩夫妇于1941年1月1日到达美国旧金山。而此时的德国已经笼罩在第二次世界大战的硝烟之中。二战不仅从物质上摧毁了德国，也使得那个拥有先进科学技术的国家一去不复返了。战争期间，教育实行法西斯政治化，学校不再是学习和搞科研的地方，而是实行文化专制的场所。即使不是犹太人，也必须参加纳粹的运动，否则即使不会被杀害，也会被停职或者解雇。马格努斯就是因为拒绝加入纳粹而被停职的。

2. 寻寻觅觅，难求职

当时美国是这些科学难民的理想国度，生命得到保障的同时，才华也会得到展现。但凡事总有例外，戴恩就是其一，这与当时的时代背景和他自身的选择密切相关。

1941 年 2 月至 1942 年春天，戴恩在爱达荷州波卡特洛的一所大学教书。每个月工资 100 美元，教学任务不是很繁重，他经常利用闲暇时间到附近山上远足。但是波卡特洛这个地方很沉闷，让戴恩无法忍受，短暂的任职之后他甚至想立刻离开这里。

接下来，戴恩被聘为伊利诺理工大学数学专业的客座教授，待遇比之前好点，但是授课任务繁重。他不喜欢整天忙忙碌碌、节奏感很快的芝加哥市，也不喜欢这里的工业气息。大概一年以后，他选择了离开。

戴恩后来到了马里兰州首府安纳波利斯的圣约翰大学，这是美国最古老的大学之一。学校给戴恩安排的教学任务是教授欧几里得、阿波罗尼奥斯、牛顿等人的文章。戴恩很快发现这里的学生基础薄弱，很难接受这样的学习内容。不久后，他再次选择了离开。

1944 年 3 月，戴恩受黑山学院邀请做了两个报告，内容是关于哲学和数学史的，报告很受欢迎。后来，他就成为黑山学院的教师，在此一直工作到退休。

3. 钟情黑山，度余生

黑山学院坐落在北卡罗来纳州，从学校 1933 年创办到 1956 年关闭，戴恩是这所艺术学校唯一的专职数学教师。这里不像任何一所理工大学或者综合性大学，能使戴恩的数学才华受到激发。麦克莱恩曾说，“戴恩以拓扑学的工作著名，但却获得了一个低水平的职位”。现实就是这样无奈，但是戴恩喜欢这里的工作，也沉浸于这里简单安定的生活。

黑山学院是由一群崇尚学术自由主义的人创办的。赖斯是最早的发起人之一，也是最主要的发起人之一。他主张学校实行民主管理，学生要从实践中学习，艺术体验要与各学科学习相结合，等等。例如，学校里的事情都由教职工和学生组成的公开会议民主投票决定。这种创新很快在全国范围内得到认可。独特的教育风格吸引了当时很多领先的艺术家，像凯奇、克里利、库宁、劳森伯格、克莱恩等。由于二战的原因，黑山学院也成为欧洲艺术难民的天堂。德国的鲍豪斯建筑学院在纳粹的压力下被迫关闭之后，约瑟夫·亚伯斯和夫人安丽斯·亚伯斯就来到了这里。黑山学院在一些激进的艺术家的影响下，成为后来许多人文艺术学校的先驱、高等教育研究的焦点。

黑山学院自由、创新的氛围对戴恩无疑具有很大吸引力。他兴趣广泛，在这里可以充分发展对于数学与艺术的兴趣。黑山学院的自然风光也是戴恩所钟爱的，他可以随时投入大自然的怀抱，享受秀丽的美景。这一切都使得黑山学院提供的待遇（提供住宿，每月工资 40 美元）变得没那么重要了，戴恩义无反顾地加入了黑山学院的教师队伍。

在黑山学院，戴恩不仅教授包括数学史和射影几何在内的数学课程，而且教授哲学、拉丁文和希腊文等。苏格拉底风格是他教学的主要特点，这也深受学生们喜欢。黑山学院的课程设置中还包括讲座、专题报告会与研讨会等多种形式。戴恩的报告经常围绕着自然与艺术，以及它们与数学的联系展开，这些主题的选取使黑山学院的师生们受益良多。戴恩还是个博物学家，喜欢远足，这里宜人的自然风光常常诱使他把课堂搬到草木丛生的山上。在学生们看来，戴恩永远是一位热情、受爱戴的老师；在老师们看来，戴恩则是一位关心他人、真诚的同事。

黑暗的夜晚不会夺走夜明珠的光芒，戴恩成就了数学对艺术的非凡影响。1991 年获得罗马奖的后现代女艺术家若柯朋，其抽象绘画的灵感就源于对数学和天文学的热爱。1950 年，她在黑山学院遇到了影响其一生绘画工作的数学家戴恩。当时她已经接受过作为画家的基础训练，向戴恩学习数学知识的同时，也深受他对哲学和科学的洞察力的影响。这位颇具影响力的女艺术家的成就闪耀着戴恩的光辉。

黑山学院作为艺术类学校，在数学领域终究是外行。戴恩通过自身的修养和学识影响着学生们的艺术创作的同时，也影响着学生们对数学的认识。学生那莫伊和马什瑞因为对数学感兴趣，后来又继续深造，最终获得了数学专业的博士学位，成为数学家。1963 年，那莫伊通过阿廷对他的考核后开始就读普林斯顿大学，能得到这样一位卓越的数学家的认可实属不易。那莫伊也不负众望，比较突出的贡献就是以他名字冠名的秩和检验。马什瑞的主考人是穆芳，戴恩在法兰克福大学的一位优秀的博士生。马什瑞于 1961 年获得艾德菲大学的博士学位，后来在加拿大约克大学任职教授。他对戴恩渊博的知识、深刻的哲学意味印象深刻。

到达美国后，戴恩的研究内容更多地侧重于数学史方面了，这与当时的环境不无关系。戴恩原本对数学史就有兴趣，在法兰克福大学的数学史讨论班上对诸多伟大数学家的原著都有研读学习。他研究数学史的动机用他自己的话说就是：

> 回首过去，可以使我们在无限的时间里得到释放，瞄准也许只有将来一代人才能实现的目标，并且沉思历史会提高数学人在一般人类条件下的共享意识。

戴恩认为无论是数学的研究还是自然科学的研究，都应该考虑它的历史，进而考虑它们相关的哲学问题。原本戴恩就不乏新思想，总能使得与他交流的人受益，他也很高兴别人利用这些可贵的想法。

戴恩曾经在威斯康星大学讲学（1946—1947 年和 1948—1949 年的冬季学期），也指导了一名博士研究生恩格尔的论文。在他的指导下恩格尔于 1949 年获得威斯康星大学的数学博士学位，博士论文是关于群的字问题。

在黑山学院工作了七年之后，1952 年 6 月 6 日，戴恩正式退休，但仍作为顾问留在学校。黑山学院不属于社会捐资的学校，所以经常会遇到经济危机，这次也不例外，学校决定卖掉一些树木，这些树木都是戴恩最喜欢的，往常也时不时地照顾保护它们。看到心爱的树木被砍伐，心情不好是难免的。就在这一天，1952 年的 6 月 27 日，这位 74 岁的老人走到了生命的尽头，从此长眠于那一片美丽的杜鹃花丛之中。

四、回首百年，暗香悠长

戴恩意气风发、才华毕露的年代已经过去百年。近一个世纪数学的发展令数学家都瞠目结舌，学科之间的内外交叉发展成了司空见惯的事情。在数学这个领域，每一个小分支都有一大批孜孜不倦的数学家在为之奋斗着，他们好像也不太了解，哪怕与自己分支很相近的那些“战友”是怎么玩转那些公式符号的。戴恩的研究工作，具体的内容、思想、方法对现在的数学研究，尤其是交叉学科的研究，存在一定的借鉴意义。

戴恩一生的研究跨三大数学分支，即几何学、拓扑学与群论，他在每个分支都有很卓越的工作。他是怎么做到在三个分支间游刃有余地发挥聪明才智的呢？笔者认为他能做到这一点，除了对问题的敏感这种个人天资，就是他扎实的几何学基础。戴恩所取得的成就莫不与他深刻的几何学思维相关联。希望下面简单的特例能对理解戴恩的工作有所助益。

戴恩想通过基本群来研究三叶纽结，纽结（一条闭曲线在三维空间中的嵌入）属于一维拓扑对象。当时通过基本群进行曲面拓扑分类的研究是很流行的。因为纽结本身的基本群不会提供什么更好的性质，所以他利用的是纽结补空间的基本群，也就是纽结群，来研究纽结的相关问题。戴恩利用三叶纽结在平面的投影（图 1）得到三叶纽结的纽结群的呈示。纽结的投射形成了平面上特定数目的有限区域的边界，这些区域中的任何一个与群的生成元相对应，任何一个二重点与群的定义关系相对应。要具体确定它的定义关系还需要他在之前得到的一个定理。这里，我们能体会到戴恩的几何思维时刻在活跃着，他通过投影的方法，利用几何学的视角来研究拓扑学对象，得到了三叶纽结群的呈示，具体研究它的性质的过程中，戴恩再次通过几何方法，也就是他所给出的群的图来展开研究。三叶纽结群的图如图 2：

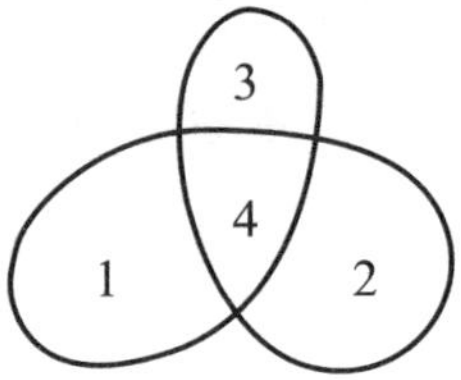

图 1　三叶纽结

（生成元和定义关系分别是 c_1，c_2，c_3，c_4 和 $c_1c_4^{-1}c_2$，$c_2c_4^{-1}c_3$，$c_3c_4^{-1}c_1$）

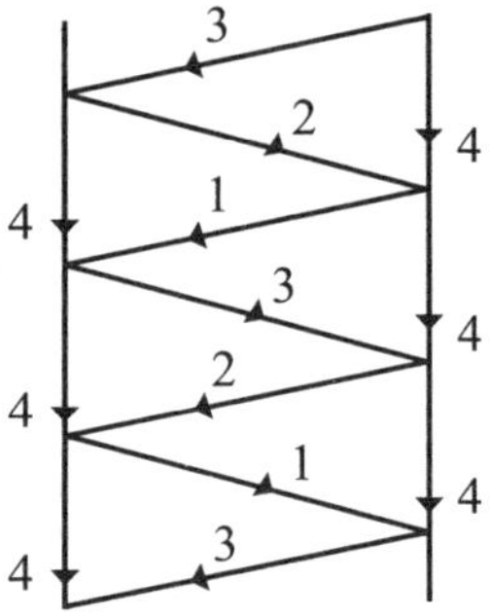

图 2　三叶纽结群

他能做到这一点，与呈示概念的源起本身和几何学就有很深渊源是分不开的。在这个图中能清晰直观地看到，定义关系都构成三叶纽结群中群的图中的闭路径。

现在我们可以考虑一个一般事实，K 是拓扑空间中的纽结曲线，那么 K 不是纽结的当且仅当纽结群 G_K 是阿贝尔群。也就是说，纽结群中类似于 $aba^{-1}b^{-1}$，$aca^{-1}b^{-1}$，$bcb^{-1}c^{-1}$…的字定义了群中的单位元，这对应于无限群论中的字问题。在群的图中来看，就是这些字是否构成闭路径。这个事实让我们看到同一问题在拓扑学、群论和几何学上的不同的表达形式。

通过上面的例子，我们能体会到戴恩的研究贯彻着几何学思想，笔者认为这是其能在多分支交叉领域取得重要成就的原因之一。这样，我们在理解其他交叉学科的研究时，可以尽可能地探寻它们本质的、统一的思想，如此就可以抓住事物的根本，事半功倍地学习和研究。

观其一生，戴恩以他卓越的能力，创造了数学史上的辉煌篇章。论数量，他还不能显露头角；但是论质量，那绝对要榜上留名。因为他真诚友善的性情，危难之时，总有人不顾危险地伸出援助之手；因为他乐于交流与共享，此生未竟的事业，有人前仆后继地在推进。组合群论的发展就是一个典型例证，戴恩和他的学生们作为一个群体，在组合群论的发展过程中做出了卓越的贡献。

总体而言，戴恩尽管无法与他的恩师希尔伯特相媲美，但他无疑也是一位很有创造力的数学家，有着独具一格的创新成果，这些成果不是从希尔伯特那儿直接继承来的。他不应该仅仅有希尔伯特优秀毕业生的光环，他智慧的光芒应该照耀到更广阔的地方，让更多的人可以欣赏。

五、追忆那时，犹太数学

纵观德国数学发展的历史，犹太血统的数学家为德国数学的发展乃至世界数学的发展做出了重要贡献。从 19 世纪到 20 世纪来看，雅可比作为椭圆函数论的创始人之一，在微分方程论与数论上都有重要的工作。G. 康托尔创立了集合论，奠定了现代数学的基础。闵可夫斯基创始并发展了数的几何。另外还有克罗内克、数学史家 M. 康托尔、胡尔维茨、利普希兹、兰道等。以上这些犹太数学家都是在和平时期为数学奋斗终生的。

20 世纪 30 年代，希特勒的排犹运动使得很多犹太数学家也没能幸免，有的被迫害致死，例如豪斯道夫；有的漂泊异乡，美国、英国、以色列、巴勒斯坦等国家成为这些犹太数学家安身立命的选择。美国当时收容了很多科学难民，不仅仅是数学家，还有其他很多著名的科学家，像爱因斯坦。这些科学家为美国科学事业的发展做出了非常重要的贡献。逃往美国的犹太数学家，除了上面提到的，还有柯朗，他是柯朗数学科学研究所的第一任所长；诺特，被誉为“抽象代数学之母”；布饶尔、霍普夫、伯恩斯坦等。群论领域的数学家诺埃曼及其妻子逃到了英国。公理集合论大师弗兰克尔逃到了以色列。群表示论领域的数学家舒尔逃到了巴勒斯坦。

不仅仅是这些处在历史特殊时期的德国犹太数学家，其他国家的犹太血统的数学家在本专业领域表现得也非常出色。例如，西尔维斯特（英国）、冯·诺伊曼（原籍匈牙利，后入美国籍）、维纳

（美国）、哈达玛（法国）、韦伊（法国）、史瓦兹（法国）、佩雷尔曼（俄罗斯）等等。

对包括戴恩在内的这些犹太数学家的介绍，让我们更好地理解了“数学家是有国界的，数学是没有国界的”这一箴言隽语的深刻内涵，同时希望对此感兴趣的读者可以进行深入的研究和分析。

（作者：王　艳　邓明立）

克劳德 · 谢瓦莱

布尔巴基巨匠、数学结构代言人

克劳德 · 谢瓦莱

（Claude Chevalley，1909—1984）

布尔巴基学派是世界数学史上的重要学派之一，早期代表人物主要是第一次世界大战后法国崛起的一批数学家：嘉当[1]、韦伊、谢瓦莱、丢多涅等。谢瓦莱作为布尔巴基学派的主要创始人之一，他的研究以严谨抽象的数学风格而著称，布尔巴基学派的结构主义思想受其很大影响，称他为该学派的巨匠乃实至名归。与此同时，他与德国数学家阿廷和哈塞等人的学术关系也体现了当时欧洲大陆数学发展的主要趋势。

谢瓦莱使类域论摆脱了 ζ 函数的解析数论工具，并将类域论推广到有限域及局部域，完成了类域论的算术化。1940 年后他转而研究李群与代数几何学，出版的三卷本专著《李群理论》被奉为该领域的经典著作，以他名字命名的谢瓦莱群在有限单群分类方面起着重要的作用。此外，在代数群论、李代数上同调理论、交换环论和代数几何等诸多领域，谢瓦莱也有许多经典工作和贡献。本文以这位法国数学家的工作和布尔巴基学派的关系为线索，论述他的数学工作对布尔巴基学派的影响，在此基础上尝试更全面地评价谢瓦莱的贡献，以期更好地理解 20 世纪上半叶数学相关领域的发展及其影响。

1 本文中嘉当若无特别声明，均指法国数学家亨利·嘉当。

一、高等师范学校的高材生

1909 年 2 月 11 日谢瓦莱生于南非首府约翰内斯堡，谢瓦莱的双亲都来自新教家庭，母亲是法国南部加尔文教派牧师之女。谢瓦莱的祖父是瑞士的钟表制造者，后移居法国，他的父亲先是在几家中学教书，后转向外交界。幼年时的谢瓦莱就显示出了非凡的智力。1926 年，17 岁的谢瓦莱考入著名的巴黎高等师范学校。这所学校的入学考试难度居法国大学之首，是名副其实的名牌大学。该校在数学教学、研究与人才培养等方面享誉世界，共培养出十位菲尔兹奖得主、四位沃尔夫奖得主和一位阿贝尔奖得主，其中塞尔更是世界上极少数集上述数学三大奖于一身的数学家。

巴黎高等师范学校学制为四年，前两年学生在综合性大学注册学习，以获取大学三年级学习文凭和学士学位，后两年在本校教师指导下准备中学教师全国会考，通过会考者可获教师资格。1929 年谢瓦莱只用三年时间就毕业并取得中学高级教师职衔，其聪明程度可见一斑。在 1929 年 3 月的一次关于分析学的考试中，谢瓦莱得到的评语是：能通过熟练的推理来成功解题……使用了意想不到的方法，而这些方法都是非常困难的。

大学时，年轻的谢瓦莱对文学和哲学也产生了浓厚兴趣，特别是科学中与哲学相关的语言学问题。他借阅了许多相关书籍，如法国剧作家、语言学家雷努阿尔的词典“Lexique Roman”，再如法国著名作家纪德 1909 年出版的代表作《窄门》，等等。[1]

在校期间，谢瓦莱跟随法国数学家皮卡进行数学研究，还与大他1岁的厄布朗和洛特曼相识，三人成为很要好的朋友，结下深厚友谊。此处我们再简要介绍一下厄布朗。

厄布朗1908年2月12日生于巴黎，17岁时以第一名的成绩考入高等师范学校，在校期间与谢瓦莱相识。除数学外，厄布朗还对哲学和诗歌有很大兴趣，借阅了大量哲学和诗歌方面的书籍，如柏拉图哲学、歌德诗集等。1928年厄布朗在韦西奥指导下完成了关于数学逻辑的博士论文，之后在德国度过了1930—1931学年。他先在柏林跟随冯·诺伊曼，后来分别跟随阿廷和哈塞学习。1931年6月中旬他到哥廷根追随诺特。1931年7月末他到法国伊泽尔省的La Bérarde地区去登山，7月27日在攀登阿尔卑斯山脉的Baus峰成功下撤途中，遭遇事故不幸去世，年仅23岁。厄布朗在数理逻辑和代数数论方面的工作得到许多大数学家的好评。谢瓦莱和洛特曼在为厄布朗所做的传记中将他的工作视为抽象和严格的典范。可以试想若他没有过早去世，一定也会成为布尔巴基学派的中坚力量。

二、崭露头角的类域论工作

1930年到1940年的十年间，谢瓦莱主要研究局部和全局类域

---

1 2013年笔者在法国巴黎高等师范学校图书馆中发现了谢瓦莱大学时期的借阅记录。记录上清楚地显示了他大学期间的阅读兴趣和所借阅过的书籍。

论，类域论是代数、数论和分析的完美结合，源于 19 世纪末克罗内克、韦伯和希尔伯特的工作。希尔伯特 1897 年的数论报告为该领域迈出了一大步，更多的现代发展则由高木贞治、阿廷、哈塞、谢瓦莱等数学家完成。

1880 年德国数学家克罗内克就在给戴德金的一封信中提出了被称为“青春之梦”的猜想：每个虚二次域 $K = Q(\sqrt{d})$ 的极大阿贝尔扩域是将 K 添加某种椭圆函数在全部有理点处的值而得到的域。这个问题是代数数论最重要的问题之一，1900 年希尔伯特将其作为第 12 问题写入了著名的 23 个数学问题中。其实，1898 年希尔伯特就已经建立了早期的类域论理论，对于代数数域 k 及其伽罗瓦扩张 K，如果 k 的一次素理想 p（绝对范数为素数的素理想）在 K 中能分解为 K 的一次素理想的积，当且仅当 p 是主理想时，称 K 为 k 上的类域，这种类域后来被称为“希尔伯特类域”，但他仅对类数为 2 的情形给出了证明。高木贞治是希尔伯特的学生，1898 年到哥廷根跟随希尔伯特学习。1903 年高木贞治部分解决了克罗内克猜想。1920 年他证明代数数域 k 的任何阿贝尔扩张 K 都可表示为 k 的类域，由此得到了类域论基本定理，他所建立的这种理论被称为高木类域论。在此背景下，克罗内克猜想由于成为高木类域论的一个特例而得到证明。从此类域论研究开始专注于代数数域 k 上的阿贝尔扩张。1920 年 9 月 25 日高木贞治在法国斯特拉斯堡举行的世界数学家大会上宣读了上述结果。另外，他还得到了类域论中重要的基本定理、分歧定理、同构定理、分解定理和存在定理。

从 1923 年到 1926 年，阿廷和哈塞开始研究高木的工作，并试图将其工作表述得更简单，并开始讨论希尔伯特第 9 问题。1927 年哈塞发表“类域论报告”的第一部分，对高木的理论给出了更深入的论述。在此基础上阿廷提出了更一般的互反律（现称为阿廷互反律），并于 1927 年完成了证明，以《一般互反律的证明》为题发表，其中由阿廷映射明确得出了相对阿贝尔扩张与伽罗瓦群的对应关系。1930 年哈塞“类域论报告”的第二部分发表，论述了如何从阿廷的一般互反律中推导得出高斯、库默尔、希尔伯特和高木贞治的互反律。1929 年哈塞注意到了美国数学家迪克森的代数工作，并在哈雷大学组织了关于超复数理论的讨论班。此后，他开始将类域论的算术思想与可除代数理论中的代数思想结合起来。高木贞治和阿廷的工作成为希尔伯特之后类域论领域的标准工作，其特点也很明显：对于不同的阿贝尔扩张，高木类域论和阿廷类域论都要在不同的模 M 广义类群的商群上花费大量的计算，而谢瓦莱正是通过伊代尔的概念避免了如此烦琐的工作。

以上是类域论理论早期的发展背景，其中 19 世纪的代数数论的主流——解析方法对早期类域论影响颇深。在希尔伯特 1900 年提出的若干数论问题激励下，数学家开始在几个方向上拓展经典的数论和代数数论工作。在这个潮流中，一些德国数学家将其特有的代数思想和方法引入类域论领域，极大地推动了类域论乃至代数数论的发展。谢瓦莱正是在这样的情况下来到德国的。

毕业后谢瓦莱得到法国国家科学研究中心资助到德国继续他的研究，而厄布朗则获得了洛克菲勒奖学金，到柏林大学跟随冯·诺伊曼学习。谢瓦莱在 1931 年到 1932 年在汉堡大学跟阿廷搞研究，后来又在马堡大学跟随哈塞学习。1930 年亨塞尔从马堡大学退休，哈塞便接替了他的位置。此后，哈塞开始跟布饶尔及诺特一起研究单纯代数，并最终确定了今天所谓的代数数域的布饶尔群。谢瓦莱到德国时，诺特正在研究超复数系与类域论的关系。受到诺特、哈塞和布饶尔的强烈影响，谢瓦莱也开始研究代数数论，并结合代数的方法表述了类域论。谢瓦莱这段时期的工作主要涉及代数数论，并得到德国学派的高度评价。而德国数学家对谢瓦莱的数学工作和思想也产生了深远影响。德国数学家的代数方法和技巧及研究的着眼点都令他受益匪浅，这从其数学工作中也可窥得一斑。无论是仿照哈塞推广其模剩余理论，还是对阿廷方法的继承与创新，或是在信中与诺特探讨类域论算术化，谢瓦莱的工作都深深地受到了诺特、阿廷和哈塞等人的影响，就连他力求简洁抽象的文风都受到德国数学家的影响。

1933 年谢瓦莱在博士论文中摆脱了阿廷的解析方法，将类域论推广到有限域及局部域（如亨塞尔给出的 p-进域），奠定了自成体系的局部类域论的基础。他证明可以直接从 p-进域出发来考虑其阿贝尔扩张，这样要比全局类域论更简单。接下来几年，他致力于在类域论中消除 ζ 函数等解析数论的工具，这在前人的证明中是不可或缺的。为了能描述无穷阿贝尔扩张的类域论，他在 1936 年引入理想元的概念，并提到借助该概念可能完成类域论的形式化。1940 年谢瓦莱将理想元改造为伊代尔，并完成了类域论的算术化工作。借助伊代尔，他既不用高木贞治的结果，也不用解析数论，而通过局部类域论得到了和全局类域论相同的结果，这也被誉为第一个“从局部过渡到整体”的明确实例。此后，伊代尔概念成为代数数论的基本概念。

1936 年谢瓦莱接替了韦伊在斯特拉斯堡大学的职位，这是他的第一份教职。1937 年至 1938 年他在法国西北部城市雷恩接替了丢多涅的教学研究职位，1938 年到普林斯顿高等研究院就职。二战爆发后，在法国驻美国外交官的建议下谢瓦莱滞留美国，并在普林斯顿大学工作到 1948 年，之后在哥伦比亚大学执教直至 1955 年。美国学生发现谢瓦莱要求严格，并没有太多的学生愿意跟随他做研究工作，因此他在美国并没有很多学生。特别值得指出的是，1941 年我国数学家段学复到普林斯顿大学攻读博士学位，并与谢瓦莱有了一段被传为佳话的合作与研究。

1938 年秋华罗庚从英国剑桥大学访问归来，成为西南联合大学 - 清华大学的教授。他讲授的“近世代数”课程以刚问世不久的范德瓦尔登《近世代数学》第一卷为蓝本，但又做了不少的修改。在这门课中，段学复担任了刻写讲义和批改学生习题的任务。他还参加了华罗庚开设的有限群讨论班，并开始研究 p 群，这也是段学复从事代数学特别是有限群方面的理论研究和培养人才工作的开端。

1939 年段学复考取了留英公费生并于次年 9 月进入加拿大多伦多大学。多伦多大学数学系是当时加拿大最大的数学系，他的导师布饶尔当时正在创建有限群的模表示论。在布饶尔的指导下，他很快就取得了一些关于 p 群的成果，并于 1941 年获得硕士学位，同年 8 月进入美国普林斯顿大学数学系攻读博士学位。

普林斯顿大学在当时有世界数学中心之称，代数学家韦德伯恩就在该校任教，谢瓦莱则是系里的年轻助理教授，学术上非常活跃。段学复在布饶尔和谢瓦莱的指导下，与他们合作完成了有限群的模表示理论和李群、代数群两方面的重要工作。1943 年段学复获得普林斯顿大学哲学博士学位，并在普林斯顿做了两年博士后，其间曾到阿廷处做过 4 个月的访问学者，从 1945 年 9 月起到普林斯顿高等研究院担任外尔的助手，协助他修订经典名著《典型群》，一直到 1946 年回国。

在国外的这 6 年是段学复数学生涯中很重要的一个时期。而有幸向布饶尔和谢瓦莱这两位大师学习并与之合作，对于他的影响更是不言而喻的。

三、奠定声誉的工作

1940 年后谢瓦莱将研究方向转向先前并不熟悉的李群和代数几何学，并逐渐对任意域上代数几何学产生了兴趣，证明了代数簇局部环的一些主要性质。1941 年他发表了两篇论文：一为《可解群的拓扑结构》，一为《李群一条性质的一个代数证明》。这也标志着他正式转向李群及代数几何领域。

1943 年谢瓦莱利用矩阵的张量不变量定义了矩阵复型，并刻画了幂零矩阵的复型。当时他正在主持一个李群讨论班，他和段学复得出：如果将代数的李代数定义为包含其中任意元素的所有复型的矩阵李代数，则这样定义的李代数恰是莫瑞尔 1894 年研究的代数的李群的李代数，也就相当于证明了代数李群的基本定理：在复数域上，一个代数的李群的李代数必然是一个代数的李代数，反过来也成立，这个等价关系是代数群中的基本定理。这些概述性证明出现在他们合作发表于 1945 年的文章中。

1946 年、1951 年和 1955 年，谢瓦莱出版了三卷本《李群理论》。第Ⅰ卷首次对李群理论的基础用整体观点做了前后一贯的系统叙述，并将其置于解析流形概念的基础之上，这本书也一直被奉为李群领域的基本参考书，并体现了谢瓦莱从 20 世纪 40 年代中期开始对李群领域纯代数方面越来越浓的研究兴趣。此卷第六章“紧李群及其表示”已基本属于代数范畴。他当时的目标有两个:（1）考察如何用紧李群的表示的总体来重构其自身；（2）借助紧李群的代表环来构建可将该紧李群同构嵌入的代数群。一般认为这三卷《李群理论》本应具有一脉相承的研究风格，但事实并非如此。第Ⅱ卷在代数李群和李代数的框架下重建了整个理论，与第Ⅰ卷内容基本相互独立。而在某种程度上，第Ⅲ卷是关于李代数基本结果的标准阐释。

1951 年谢瓦莱出版了《单变量代数函数入门》一书，书中严格而又严谨的代数风格，引起人们广泛的注意。韦伊将这本书与戴德金、韦伯关于代数函数的经典著作和外尔的《黎曼面的概念》进行对比，并高度赞扬了谢瓦莱的工作。他写道:

> （谢瓦莱著作的）覆盖面远远超过了前者，甚至在书的最后一章，竟与后者有些相似。通过纯粹代数的方法从代数函数理论全面的广泛性来考虑其原理和准则，这是最好不过的事情了！表面上看，谢瓦莱对待该研究领域的态度

有些片面，但实际上他的工作是很有价值的，不仅仅对那些自身喜欢代数方法的人，就连对那些希望能确定代数方法的应用范围和局限性的人一样有价值。

1953—1954 学年谢瓦莱到日本访学，不久便发表论文《论某些单群》，这可以说是他最有影响力的论文之一。这篇文章的重要性和开创性不在于其所展示的新单群，而主要在于其所涉及的群的统一处理方法。谢瓦莱发现在伴随表示下可看成线性群的复单李群能通过单参数子群生成系表出，但这只在巧妙的选取李代数基的情况下才成立，这样选取的基现在称为谢瓦莱基。他在这篇文章中研究的特殊有限群现在被称为谢瓦莱群，如果没有这些研究，有限单群的分类是不可能完成的。

谢瓦莱对于代数几何基础的兴趣保持了十多年，他不仅热衷于研究基础本身，而且对代数群还作了许多研究，实际上代数几何基础就是谢瓦莱和嘉当举办的讨论班的主要议题。

1955 年谢瓦莱回到法国，成为巴黎大学的教授，并一直执教到 1978 年退休。在巴黎他还主持了“谢瓦莱讨论班”。第一期讨论班于 1956—1958 年度举行，主题是李代数的群的分类；第二期于 1958 年举办，主题是周环[1]及其应用；第三期于 1958—1959 年度举办，主要讨论皮卡簇。从 1968 年到 1984 的 16 年间，讨论班的主题

1　周环，即周炜良环或周氏环。周炜良（1911—1995），华裔数学家，在代数几何方面有诸多贡献。

一直是有限群，这个讨论班还一直坚持到了现在。

四、布尔巴基学派的结构主义者

20 世纪 20 年代，一战刚刚结束不久，百废待兴，有一批人陆续走进巴黎高等师范学校求学。他们是 1922 年入校的韦伊和德尔萨特、1923 年入校的嘉当、1924 年入校的丢多涅、1926 年入校的谢瓦莱。在校期间，他们都是阿达玛讨论班的听众和报告人。阿达玛讨论班由法国数学家阿达玛在 1913 年创立，对布尔巴基学派有重要影响。

1933 年韦伊、嘉当和谢瓦莱等人准备成立自己的讨论班，并向年轻的教授儒利亚[1]寻求支持。在儒利亚帮助下，他们开办了“数学讨论班”，直到 1938 年因第二次世界大战中断，后被称作“儒利亚讨论班”。几年后，儒利亚讨论班核心成员中的一些人成立了布尔巴基学派。

谈到布尔巴基学派的肇始，韦伊这样回忆：1934 年的晚些时候他和嘉当以古尔萨标准教材教授微积分。嘉当为了将课程中的章节处理得更好而向他求助，而韦伊也有自己的问题。韦伊提议应和其他大学教同样课程的朋友会面，一起决定如何处理教学中的问题。由此，便有了嘉当与韦伊和德尔萨特、谢瓦莱、丢多涅及其他一些人在巴黎的定期会议，这个群体就是后来所谓的布尔巴基。

1934 年 12 月 10 日，星期一，这群青年数学家举行了第一次

1　儒利亚，法国数学家，以创立儒利亚集而闻名。第一次世界大战爆发后，21 岁的儒利亚应召入伍，在一次袭击中被炸掉鼻子，因而整日戴着面罩。

会议，于是布尔巴基正式宣告成立。他们每隔一周的周一在巴黎集会，中午就在距卢森堡公园不远处的圣米歇尔街旁的咖啡馆内聚会，一起高谈阔论他们的宏伟目标，下午到庞加莱研究所参加儒利亚讨论班。有了固定的日期和聚会地点，布尔巴基的活动日渐频繁。从 1934 年 12 月到 1935 年 5 月，短短 5 个多月的时间里，他们就召开了 10 次会议，宏伟目标也在逐步变成现实。

韦伊的说法在嘉当和保莱尔那里也得到了印证。

嘉当说：当时法国很多数学家都死于一战，我们之前，数学家青黄不接。一些数学家开始到国外去——尤其是德国——看看那里到底在研究些什么。这就是数学复兴的开始。这应该归功于韦伊、谢瓦莱和波塞尔。作为对韦伊最初倡议的回应，上述这些人集会并组建了布尔巴基。

保莱尔也回忆称数学家们打算采取（比以往传统的）更精确更严格的方式去著书立作，而谢瓦莱便以严格的作品而著称：

> 即使是对布尔巴基学派来说，有时候谢瓦莱的工作也太严格了，他的作品常因“太抽象”而被拒绝接受。

在女儿凯瑟琳看来，谢瓦莱更多的是对严谨性的执着追求。凯瑟琳这样回忆他的父亲：对他来说，把问题当作整体来考虑，从全局角度来考虑证明的必要性是至关重要的。布尔巴基所有的成员都关心严格：布尔巴基当初的动机就是要弥补法国数学家严格方面的不足。……对我父亲来说，缺乏严格性就如同在泥泞的道路上散步时，不得不时常捡拾地上的污物才能前行。一旦扫除了地上的污物，就会得到数学目标——一种本质上关键在于其结构的结晶体。建立起结构后，他会说这是一个打动他的东西……对于他来说，数学的严格性在于由此产生的新的对象可在后面的研究中保持不变。

谢瓦莱对当时的数学发展有着独到的见解。他曾写道：

> 现在数学寻求的定义都是在理解层面上的，也就是说是通过数学对象的特性，而不是扩展的，即结构层面上的。但这并不是（数学的）最终情景……对已知数学事实的结构的分析远没有完成。

也就是说，他已经觉察到了当时数学研究仅注重了数学对象的性质，而忽视了对结构的研究。这种思想不可避免地对布尔巴基学派的工作产生影响。

可以看到，谢瓦莱推崇的正是布尔巴基学派借以成名并赖以生存的结构及结构主义。从这个角度上说，谢瓦莱是布尔巴基学派抽象严格风格的设计师，更是一位不折不扣的结构主义者。

谢瓦莱还深入研究了希尔伯特的数学哲学，并认为公理理论及理论的公理化已深深地影响了数学，最明显的体现就是数学写作的风格，这一点对日后布尔巴基学派的写作影响甚巨。谢瓦莱写道：

> 事实上，希尔伯特的平面几何理论并不去定义那些来

> 源于其他概念的定义，然后推论点、直线的属性等，而是完全不考虑这些事物的性质。这个理论只是给出一个描述性定义和给定条件，一个具有基本属性的确定数值，一些假设，这个理论建立在假设之上。……这个理论只是一直不停地推论，验证面上的点与实数对有关联，或更确切地说，如果人们用实数创立的事物来替换点和直线，这些理论的假设就能成真。无论如何，实数理论能被看作无矛盾的，几何也是这么构成的。

他还论述了实数理论公理化后应怎样重新认识实数体系，并写道：

> 实数的集合既是一个域，又是一个拓扑空间，还是一个拓扑群，一个有序集，一个度量空间等。……当今数学定义所理解的数学事物，也就是说通过它们特有的性质，即结构。

他的这些认识大大超越了他的时代，对比布尔巴基在《数学原理》中提出的序结构、代数结构和拓扑结构，谢瓦莱的确应该被视作布尔巴基的精神导师，并直接影响了布尔巴基学派的整体认识。

五、数学之外的谢瓦莱

除数学外，谢瓦莱的爱好广泛，堪称一位名副其实的“博学家”，也有丰富多彩的人生。尽管不算是激进人士，但他至少可算得上是热心于政治的。他是20世纪30年代成立的法国青年组织新秩序的创立者之一。

1982年他曾明确要求其全集应该包括那些非数学的文章，这主要是出于两方面的原因。一方面，他毕生致力于认识论和政治；另一方面，他认为数学家全集不应该只是写给数学家看，而应该让科学史家也愿意去读。但数学史不可能是超脱于总体思想世界的纯而又纯的东西：“我认为数学史不应该总是关注于在某年某数学家证明了某某定理这样的史实，而应该研究出版物中的数学趋势及认识论、哲学和社会趋势之间的关系。”由于这些原因，谢瓦莱并不想将数学文章与其他文章分开来结集出版。

谢瓦莱文集的编委之一卡蒂亚教授也写道：

> 谢瓦莱是各种政治和艺术方面先锋团体的成员。……他写了许多小册子和笔录。……数学是谢瓦莱生活的最重要的组成部分，但他并没有将数学和生活的其余部分严格区分开来。

谈到原因，卡蒂亚将这归于谢瓦莱父亲外交官的职业。

生活中的谢瓦莱非常热心，乐于助人。1958年到1959年印度数学家瑟哈里参加了第三期谢瓦莱讨论班。当时的瑟哈里还是一个默默无闻的学生，讨论班里许多数学家的报告都令他摸不着头脑，但还是“虔诚”地参加了讨论班。在谢瓦莱的帮助下，瑟哈里在讨论班上做了若干演讲。当看到瑟哈里理解并在报告中阐述了自己的思想，谢瓦莱看起来很是高兴。他还经常邀请瑟哈里到家里去研究讨论班上未完成的有关问题。

在巴黎的最后一年，瑟哈里要从学校宿舍的一幢公寓搬出，但必须由导师向公寓管理员出具一份例行公事的证明信，瑟哈里求助于谢瓦莱。于是，谢瓦莱写了一封饱含溢美之词的证明。没想到，公寓管理员看到信后竟然不同意如此优秀的住宿者离开。通过这件小事，谢瓦莱的热情便可窥一斑。瑟哈里这样回忆自己的老师：

> 通过与他的交往，我能感觉到他身上的那种优秀品质。与这位伟大的数学家近距离相处共事确实是一件人生幸事。

谢瓦莱一生所得到的荣誉并不多，仅仅只是1940年发表在《数学年刊》上的关于类域论的论文为他赢得了1941年美国数学学会的柯尔奖。1948年他得到古根海姆奖金，1967年成为伦敦数学学会成员。1984年6月28日，谢瓦莱在巴黎病逝。

六、结语

谢瓦莱数学工作的影响可谓广泛而深远，对其工作和数学思想进行分析，有以下几点值得我们思考。

首先，谢瓦莱的数学思想与数学工作对布尔巴基学派的数学风格有着重要的影响，而这些则某种程度上源于其在德国期间的访学经历。将谢瓦莱的类域论工作与20世纪30年代数学发展结合起来，可以发现其类域论工作在相当大的程度上带有德国数学的印记，其工作也体现了法国和德国数学交流及那个时代的发展特征。特别要指出的是德国数学家哈塞和诺特。哈塞在谢瓦莱类域论工作中扮演了重要的角色，或许我们可以说没有哈塞就没有谢瓦莱对类域论的工作。从两人往来信件中可以看出，哈塞实际上已经成为谢瓦莱与德国数学家联系的主要纽带。尽管谢瓦莱很少引用诺特的工作，但诺特仍应被视为谢瓦莱类域论工作的推动者。其实布尔巴基学派的工作也正是建立在诺特和阿廷的思想之上。

其次，从数学学科创新的角度来分析谢瓦莱的工作，特别是其类域论工作，以跨领域视角来解读其类域论工作，可以更好地理解谢瓦莱的数学思想。从类域论层面理解，正是伊代尔的概念使谢瓦莱摆脱了 ζ 函数、L 函数等解析理论和解析工具，也使类域论的叙述更为简洁。在此基础上，谢瓦莱用拓扑群理论来处理无限扩张，重新构建了类域论，从此伊代尔的概念作为基础成为类域论工作的标准内容，显得越来越重要。从学科交叉及整体数学科学广义层面看，谢瓦莱借助伊代尔概念直接将类域论与拓扑群和泛函分析理论的发展紧密结合在一起，使类域论的内容更加丰富，工具也更加先进抽象，结果也更富有借鉴意义。

此外还有一个问题值得我们深思，那就是如何对数学家的工作给出更全面合理的评价。谢瓦莱的工作大致可以分为两个时期：1940 年之前的类域论时期和之后的李群和代数群理论时期。丢多涅曾在纪念文章中概述了谢瓦莱的数学工作，其中对谢瓦莱 1940 年之后群论和代数群方面的论述占据了文章的大部分篇幅。他直接写道：谢瓦莱对数学的最重要贡献当数他在群论方面的工作。可以看到，谢瓦莱在 1930 年至 1940 年关于类域论的工作似乎并不被认为是其最重要的数学工作，没有受到更多重视。从历史的发展来看，我们不能也不应将数学家在不同时期的不同领域的成果简单地对比，而应将数学工作放入所属领域，从分支及领域的发展史来评判其重要性。如果有可能的话，在数学发展的大环境下，综合考虑数学家在不同领域所做工作的重要性，而不是限于单纯的比较研究。当然，这就将问题导向了更宽泛的研究领域，不仅涉及数学的发展，还涉及文化、经济等社会环境的多个方面的因素，这给数学及数学史工作者提出了更多维度的问题，这些问题也更值得进一步深入研究，对现代数学也将更具有现实意义。

（作者：阎晨光　邓明立）

参考资料

冯·诺伊曼　20世纪的天才数学家

[1] A. H. Taub. ed. Colleoted Works of John von Neumann [C]. New York. 1961.

[2] "John von Neumann" [J]. Bulletin of Ameriean Mathematical Society, 64. 1955.

[3] S. M. Ulam. Adventures of a Mathematician [M]. New York, Charles Seribner' s Sons. 1976.

[4] Artbur. W. Burks. ed. Theory of self-Reproducing Automata [C]. Urbana, University of Lllinois Press. 1966.

[5] P. R. Halmos. Selected Expository Writings, pp. 266–278.

[6] H. H. Goldstine. The Computer from Pascal to von Neumann [M]. Princeton University Press. 1972.

外尔　数学家、物理学家、哲学家三冠王

[1] Hermann Weyl Gesammelte Abhand Lungen [C]. Band Ⅰ–Ⅳ, herausg. K. Chandrasekharan, 1968.（全集1–4卷，其中包括C. Chevalley et A. Weil 写的外尔传记）

[2] H. Weyl. Raum-Zeit-Materie（空间、时间和物质）[M]. 5版（1923）.

[3] H. Weyl. Gruppentheorie und Quantenmechanik（群论与量子力学）[M].（1928）.

[4] H. Weyl. Philosophie der Mathematik und Wissenschaften（数学与自然科学的哲学）[M].（1927）.

[5] M. H. A. Newman. Journal of London Mathematical Society [M]. 33,500–511 (1958).

范德瓦尔登 哥廷根代数学派的传人

[1] Saunders Maclane. Van der Waerden 的近世代数[J]. 数学译林. 1999. 2. 174–175. [原题:Van der Waerden' s Modern Algebra,译自:Notices of the American Mathematical Society, Vol. 44, No. 3 (1997), pp. 321–322.]

[2] Yvonne Dold-Samplonius. Bartel Leendert Van der Waerden (访问记)[J]. 数学译林. 1998. 2. 137–148. [原题:Interview with Bartel Leendert Van der Waerden,译自:Notices of the American Mathematical Society, No. 3 (1997), pp. 313–320.]

[3] Leo Corry. Modern Algebra and the Rise of Mathematical Structures [M]. Birkhäuser Verlag, 1996.

[4] S. S. Chern, Shreeram S. Abhyankar, Serge Lang, Jun-ichilgusa, Wei-Liang Chow [J]. Notices of the American Mathematical Society, Vol. 43, No. 10 (1996), pp. 1117–1124.

[5] Wei-Liang Chow. Shiing-Shern as Friend and Mathematician [J]. Chern-A Geeat Geometer of the Twentieth Century, Press, (1992), pp. 83–91.

[6] B. L. Van der Waerden. A history of algebra [M]. Berlin Heidelberg New York Tokyo, Springer-Verlag, 1985.

[7] B. L. 范德瓦尔登,著. 代数学[M]. 丁石孙,等译. 北京:科学出版社,1963.

[8] 布尔巴基,等著. 数学的建筑[M]. 胡作玄,等译.南京:江苏教育出版社,1999.

[9] 饭高茂. 数学究竟是什么? ——采访小平邦彦教授 [J]. 数学译林. 1986. 3. 60–73. 译自:《科学》,51 (1981),551–561.

[10] Yvonne Dold-Samplonius. In Memoriam: Bartel Leendert van der Waerden (1903—1996) [J]. Historia Mathematica 24 (1997), 125–130.

阿廷 布尔巴基学派的先驱

[1] E. Artin. The Collected Papers of Emil Artin [C]. Serge Lang and John Tate, eds. , Addison-Wesley, Reading, Mass. , 1965.

[2] E. Artin. Exposition by Emil Artin: A Selection [C]. Michael Rosen ed. , American Mathematical Society, 2007.

[3] C. Chevalley. Emil Artin [J]. Bull. Soc. Math. France, 92 (1964) 1–10.

[4] H. Cartan. Emil Artin [C]. Abhandlungen aus dem Mathematischen Seminar der Hamburgischen Universität, 28 (1965) 1–6.

[5] H. Zassenhaus. Emil Artin and His Work [J]. Notre Dame Journal of Formal Logic, 5 (1964) 1–9.

[6] R. Brauer. Emil Artin [J]. Bull . Amer. Math. Soc, 73 (1967) 27–43.

[7] W. Scharlau, ed. , Mathematis che Institute in Deutschland 1800–1945 [M]. DMV, 1990.

拉斯·阿尔福斯 20 世纪的复分析大师

[1] J. P. Pier. Mathematical Analysis during the 20th Century [M]. Oxford: Oxford University Press, 2001, 199–288.

[2] O. Lehto. On the Life and Work of Lars Ahlfors [J]. The Math. Intelligencer, 1998, 20 (3): 4–8.

[3] D. J. Albers. An Interview with Lars V. Ahlfors [J]. The College Math. J, 1998, 29 (2): 82–92.

[4] L. V. Ahlfors. Collected Papers [M]. Vol. 1. Boston: Birkhäuser, 1982, 1, 3–4, 18–55, 212, 406–434, 341, 363.

[5] U. Bottazzini. Complex Function Theory, 1780—1900 [A]. Jahnke, H. N.

(Eds). A History of Analysis [C]. Providence, RI : AMS; London: LMS, 2003, 213–259.

[6] L. V. Ahlfors. Classical and Contemporary Analysis [J]. SIAM Review, 1961, 3 (1): 1–9.

[7] L. V. Ahlfors. Development of the Theory of Conformal Mapping and Riemann Surfaces through a Century [J]. Annals of Mathematical Studies, 1953, 30: 3–13.

[8] A. Eremenko. Ahlfors' Contribution to the Theory of Meromorphic Functions [A]. Brooks, R. (Eds). Lectures in memory of Lars Ahlfors [C]. American Mathematical Society, 2000, 41–64.

[9] M. 克莱因. 古今数学思想（三)[M]. 北京大学数学系数学史翻译组, 译. 上海: 上海科学技术出版社, 1980.

[10] L. V. Ahlfors. The Story of a Friendship: Recollections of A. Beurling [J]. Math Intell. 1993, 3: 25–27.

弗兰克·拉姆齐　名冠数学理论的哲人

[1] F. P. Ramsey. The Foundations of Matnemati' cs and other Logical Essays [C]. ed. R. B. Braithwaite. Routledge and kegan Paul, London, 1931.

[2] F. P. Ramsey. Foumdations: Essays in Philosopby, Logic, Mathematics and Economics [C]. ed D. H. mellor, Routledge and Kegan Paul, London, 1978.

[3] F. P. Ramsey. Philosophical Pepers [C]. ed D. H. Mellor, Cambridge University Press, Cambridge, 1990.

[4] F. P. Ramsey. On Trath [C]. ed. N. Pescher, emd U. Major, Reidel, 1991.

[5] Nils-Eric Sahlin. The Philosophy of F. P. Ramsey [M]. Cambridge University press, Cambridge, 1990.

[6] L. Wittgenstein. Cambridge Letters, Correspondence with Russell, Keynes, Moore, Ramsey and Sraffa [C]. eds Brian Mc Guinness and G. H. von Wright,

Blackwell, Oxford, 1995.
[7] L. Wittgenstein. Letters to C. K. Ogden [C].（后有Ramsey来往信件）Basil Blackwell, Oxford 1973.
[8] L. Wittgenstein. Letters to Russell, Keynes and Moore [C]. Basil Blackwell, Oxford 1974.
[9] Jean van Heijenoort. From Frego to Godel [M]. Harvard University Press, 1967.
[10] New Palgrave. A Dictionary of Economics [A]. 4 vols, Eatwell, 1987.

麦克斯·戴恩 不仅仅是希尔伯特的学生

[1] I. M. James. History of Topology [M]. Amsterdam：Elsevier, 1999, 965–978.
[2] M. Dehn. Papers on Group Theory and Topology [M].John Stillwell（trans.）, New York：Springer-Verlag, 1987.
[3] J. W. Dawson. Max Dehn, Kurt Gödel, and the Trans- 'Siberian Escape Route' [J]. The Notice of the AMS, 2002, 49（9）：1068–1075.
[4] R. B. Sher. 'Max Dehn and Black Mountain College' [J]. Mathematical Intelligencer, 1994, 16（1）：54–55.
[5] D. Peifer. 'Max Dehn：An Artist among Mathematicians and a Mathematician among Artists' [J]. Journal of Black Mountain College Studies. 2011.
[6] 王淑红，邓明立. 弗兰克尔：一代公理化集合论大师 [J]. 北京：自然辩证法通讯，2015，37（1）：134–141.

克劳德·谢瓦莱 布尔巴基巨匠、数学结构代言人

[1] I. Kleiner. A History of Abstract Algebra [M]. Boston · Basel · Berlin：Birkhäuser, 2007, 76.
[2] S. Iyanaga. K. Iwasawa, K. Kodaira, K. Yosida. Teji Takagi Collected Papers [M].

Tokyo: Springer-Verlag, 1990, 363–364.

[3] 胡作玄. 布尔巴基学派的兴衰[M]. 上海:知识出版社, 1984, 80–81.

[4] 张祖贵. 著名数学家段学复教授及其成就 [J]. 中国科技史料, 1994, 15 (2): 77–88.

[5] P. Cartier. Claude Chevalley [J] . Notices Amer. Math. Soc. , 1984, 31: 775.

[6] C. S. Seshadri. Chevalley: Some Reminiscences [J]. Transformation Groups, 1999, 4 (2–3): 119–125.

[7] M. Tent. Emmy Noether: The Mother of Modern Algebra [M]. Massachusetts: A. K. Peters, 2008, 137.

[8] 阎晨光, 邓明立. 谢瓦莱在类域论方面的贡献 [J]. 自然科学史研究, 2011, 30 (1): 108–117.

人名对照表

（按外文姓氏的首字母排序）

A

阿戈尔——I. Agol

亚历山大——James Alexander

阿廷——Emil Artin

迈克尔·阿廷——Michael Artin

阿提雅——M. F. Atiyah

B

贝克——I. N. Baker

巴拿赫——Stefan Banach

巴劳——Johan Antony Barrau

伯恩斯坦——Felix Bernstein

博斯——L. Bers

贝蒂——E. Betti

波尔林——A. Beurling

比安基——Luigi Bianchi

伯克霍夫——G. D. Birkhoff

约瑟夫·布拉施克——Josef Blaschke

布拉施克——W. Blaschke

玻尔——N. Bohr

玻尔兹曼——L. Boltzmann

玻尔查诺——B. Bolzano

邦克——M. Bonk

保莱尔——E. Borel

玻恩——M. Born

博特——Raoul Bott

布凯——J. C. Bouquet

勃拉姆斯——Johannes Brahms

布雷斯韦特——R. B. Braithwaite

布兰特——Brandt

布饶尔——R. Brauer

布伦塔诺——F. Brentano

布里奥——C. Briot

布洛克——J. Brock

布劳威尔——L. E. J. Brouwer

布朗宁——Robert Browning

C

卡奈瑞——R. Canary

G. 康托尔——Georg Cantor

M. 康托尔——Moritz Cantor

卡拉西奥多里——C. Carathéodory

卡勒曼——T. Carleman

卡尔森——J. Carlson

卡尔纳普——Rudolf Carnap
埃利·嘉当——Elie Cartan
亨利·嘉当——Henri Cartan
卡蒂亚——P. Cartier
柯西——A. L. Cauchy
切包塔迈夫——Nicolai Cebotarev
谢瓦莱——Claude Chevalley
列维-奇维塔——T. Levi-Civita
康普顿——K. T. Compton
柯朗——R. Courant

D

戴德金——R. Dedekind
戴恩——Max Dehn
德尔萨特——J. Delsarte
当儒瓦——A. Denjoy
笛卡儿——R. Descartes
丢多涅——Jean Dieudonné
狄拉克——Paul Dirac
狄利克雷——P. G. L. Dirichlet
道格拉斯——J. Douglas

E

艾克特——J. P. Eckert
埃克哈特——J. Eckhart
埃伦费斯特——P. Ehrenfest
艾彻——M. Eichler
爱因斯坦——A. Einstein
艾泼斯坦——Paul Epstein
爱尔多斯——Paul Erdös
埃尔娜——L. Erna

F

费耶尔——L. Fejer
费凯特——M. Fekete
费马——Pierre de Fermat
费米——Fermi
费希特——J. G. Fichte
德·芬纳蒂——Bruno de Finetti
弗兰克尔——A. H. Fraenkel
弗里德曼——M. H. Freedman
弗雷格——Gottlob Frege
弗洛伊德——Sigmund Freud
弗里德里希斯——K. O. Friedrichs
弗洛宾尼乌斯——Ferdinand Georg Frobenius
富克斯——I. L. Fuchs
费特文格勒——P. Furtwängler

G

加伯——D. Gabor
伽达玛——Gadamer

伽罗瓦——Evariste Galois
加德纳——F. Gardiner
伽塞——J. Ortega Y Gasset
高斯——Carl Friedrich Gauss
纪德——A. Gide
哥德尔——Kurt Gödel
哥德斯坦——H. Goldstine
戈尔丹——P. Gordan
高尔斯——William Timothy Gowers
格劳斯坦——W. C. Graustein
格里菲斯——P. Griffith
格勒奇——H. Grötzsch
格罗夫斯——Groves

H

阿达玛——J. Hadamard
哈密顿——D. H. Hamilton
哈罗德——Roy Forbes Harrod
哈塞——H. Hasse
豪斯道夫——Felix Hausdorlf
海曼——W. Hayman
海克——Erich Hecke
希加德——P. Heegaard
海森伯——W. K. Heisenberg
海哈尔——D. Hejhal
海拉——Hella
海林格——E. Hellinger
亥姆霍兹——H. von Helmholtz
亨利八世——Henry Ⅷ
亨塞尔——K. Hensel
厄布朗——Jacques Herbrand
赫格洛兹——Gustav Herglotz
希尔伯特——David Hilbert
希策布鲁克——F. Hirzebruch
霍克希尔德——G. P. Hochschild
霍普夫——Heinz Hopf
霍普金斯——Charles Hopkins
洪德——Hund
胡尔维茨——Adoef Hurwitz
胡塞尔——E. Husserl

J

雅可比——Carl Jacobi
雅斯尼——Natalie Jasny
杰弗瑞斯——Harold Jeffreys
詹金斯——J. A. Jenkins
詹森——J. Jensen
若尔当——C. Jordan
约尔当——P. Jordan
约瑟夫——H. W. B. Joseph
儒利亚——G. Julia

K

康德——I. Kant

冯・卡门——T. von Karman

G. 凯勒——G. Keller

奥特-海因里希・凯勒

——Ott-Heinrich Keller

花拉子米——Al-Khowarizmi

克莱因——F. Klein

正田建次郎——Shoda Kenjiro

J. M. 凯恩斯——J. M. Keynes

约翰・内维尔・凯恩斯

——John Neville Keynes

基尔凯郭尔——S. Kierkegaard

克莱恩——Franz Kline

克内泽尔——Helmuth Kneser

小平邦彦——K. Kodaira

寇贝——P. Koebe

库普曼——B. Koopman

克拉——I. Kra

克瑞恩——Mark G. Krein

克罗内克——Leopold Kronecker

库默尔——Kummer

L

兰姆——Charles Lamb

兰道——E. Landau

兰茨贝格——Georg Landsberg

朗——Serge Lang

朗兰兹——Robert P. Langlands

洛特曼——A. Lautman

拉夫连季耶夫——M. A. Lavrentiev

勒让德——A. M. Legendre

汉斯・路易——Hans Lewy

李——S. Lie

林德勒夫——E. Lindelöf

利普希兹——Rudolf Lipschitz

刘维尔——J. Liouville

洛伦兹——H. A. Lorentz

M

马赫——E. Mach

马什瑞——Trueman Machenry

麦克莱恩——S. Maclane

马勒——Gustav Mahler

马格努斯——Wilhelm Magnus

曼那瑞——Mannoury

马登——A. Marden

马歇尔——Alfred Marshall

莫奇利——J. Mauchly

莫瑞尔——L. Maurer

麦克斯韦——J. C. Maxwell

麦克马伦——C. McMullen

孟德尔——Gregor Johann Mendel

米尔曼——D. P. Milman

闵可夫斯基——Hermann Minkowski
闵斯基——Y. N. Minsky
米塔 - 列夫勒——Mittag-Leffler
摩尔——G. E. Moore
莫根斯特恩——O. Morgenstern
莫尔斯——M. Morse
穆芳——Ruth Moufang
默雷——F. J. Murray

N
中山正——Tadasi Nakayama
纳尔逊——L. Nelson
那莫伊——Peter Nemenyi
诺依格包尔——O. Neugebauer
诺埃曼——Bernhard Neumann
冯・诺伊曼——J. von Neumann
奈望林纳——R. Nevanlinna
牛顿——I. Newton
尼尔森——Jacob Nielsen
诺特——Emmy Noether
诺德海姆——L. Nordheim

O
奥格登——Charles Kay Ogden
奥尔登堡——R. Oldenbourg
奥本海默——J. R. Oppenheimer
奥瑟曼——R. Osserman
奥斯特瓦尔德——F. W. Ostwald

P
泡利——W. Pauli
佩雷尔曼——Grigori Perelman
皮卡——E. Picard
皮古——Arthur Pigou
柏拉图——Plato
庞加莱——Henri Poincare
波尔耶——G. Polya
波普尔——Karl Popper
波塞尔——L. de Possel

Q
奎因——W. V. Quine

R
拉德马赫尔——Hans Rademacher
拉东——Johann Radon
A. 拉姆塞——Andrew Crombie Ramsay
W. 拉姆塞——William Ramsay
拉姆齐——Frank Plumpton Ramsey
G. N. 拉姆齐——G. N. Ramsey
M. 拉姆齐——Michael Ramsey

拉兹——Ladislas Ratz
瑞利——Lord Rayleigh
雷努阿尔——F. Raynouard
雷里奇——Franz Rellich
雷尼——Alfréd Rényi
里奇——G. Ricci
赖斯——John Andrew Rice
黎曼——G. F. B. Riemann
黎斯——F. Riesz
M. 黎斯——Marcel Riesz
里尔克——Rainer Maria Rilke
若柯朋——Dorothea Rockburne
罗丹——B. Rodin
龙格——Carl Runge
罗素——B. Russell

S

桑塔洛——Luis Antonio Santalo
塞维治——Leonard J. Savage
石里克——M. Schlick
E. 施密特——E. Schmidt
F. K. 施密特——F. K. Schmidt
施莱尔——Otto Schreier
薛定谔——E. Schrödinger
舒伯特——H. Schubert
舒尔——Issai Schuz
史瓦兹——L. Schwartz
塞尔——J. P. Serre
瑟哈里——C. S. Seshadri
弥永昌吉——Iyanaga Shokichi
西格尔——Carl Ludwig Siegel
斯贝塞——Speiser
施普纳——Emanuel Sperner
斯拉法——Piero Sraffa
斯蒂尔——L. P. Steele
斯特姆——C. Sturm
西尔维斯特——J. Sylvester
舍勾——Szëgo
西拉德——L. Szilard

T

泰特——J. Tate
特勒——Edward Teller
泰希米勒——O. Teichmüller
高木贞治——Takagi Teiji
瑟斯顿——W. P. Thurston
梯采——Hernrich Tietze

U

乌拉姆——Stanisław Ulam

V

维布伦——Oswald Veblen

韦西奥——E. Vessiot

弗瑞斯——Hendrikde Vries

W

范德瓦尔登——B. L. van der Waerden

华萨弗斯基——S. Warschawski

韦伯——Heinrich Weber

韦德伯恩——J. H. M. Wedderburn

魏尔斯特拉斯——K. Weierstrass

韦伊——A. Weil

魏森博克——Weitzenböck

外尔——Hermann Weyl

怀特海——A. N. Whitehead

维纳——N. Wiener

维格纳——Eugene Wigner

威尔逊——Agnes Wilson

温廷格——Wilhem Wintinger

维特——Ernst Witt

维特根斯坦——L. Wittgenstein

Z

扎里斯基——Oscar Zariski

策梅洛——Ernst Zermelo

查森浩斯——Hans Zassenhaus

佐恩——Max Zorn